과학자의 삶을 행복으로 이끈
생각의 힘

Power of Thinking

과학자의 삶을 행복으로 이끈
생각의 힘

구정회 지음

좋은땅

| 이야기를 시작하며 |

60대 중반인 나는 지금 인생을 되돌아보기에 참 좋은 시점에 서 있다. 나는 늘 바쁘고 격렬하게 살아왔다. 언제가 시간이 되면 내게 늘 떠오르는 기억과 감동들, 감사한 일들, 가슴 아팠던 일들, 소소하게나마 깨달은 것들을 비롯한 나의 생각을 자유롭게 쓰고자 했었다. 이제 내게 그 시간이 된 것 같다. 더 늦기 전에 이런저런 나의 인생 경험과 생각들을 진솔하게 기록하고자 한다.

요즘에는 이전과는 달리 기억들이 조금씩 소실되어 가는 것을 느낀다. 가슴 아프고 고통스러웠던 일들을 잊어버리는 것은 좋은 일이지만 내게 큰 힘과 감동을 주었던 고마운 분들과 사건들, 내 인생의 전환점이 된 행복하고 소중한 기억들이 흩어지고 잊혀진다는 것은 안타까운 일이다. 아직도 부족함이 많고 해내야 할 일도 많지만, 짧지 않은 인생을 살아오며 지금까지도 내게 남아 있는 인상 깊었던 소중한 기억들을 정리하고 싶다.

나는 외견상으로는 좋은 직장에서 38년을 넘게 일했지만, 그 이면에는 수많은 일들, 고통과 성취가 함께 있었다. 비록 성공을 말하기엔 턱없이 부족하지만 성공 여부보다는 내면의 행복과 성취가 더욱 기쁘고 감사한 일이다. 이러한 감사함과 행복감이 샘솟는 나의 이야기를 정리하고 싶은 것이다.

비록 성공 이야기는 아닐지라도 나의 인생을 중간 점검하며, 나 자신이 어떻게 살아왔는지를 스스로 돌아보면서, 행복 이야기를 쓰는 게 좋겠다는 생각이 들었다. 내 인생에 있어 행복의 가장 큰 비결은 꿈을 꾸고 생각하고 실천하며, 그 꿈을 이루는 것이다. 이런 생각 없이는 아무것도 이루지 못했을 것이다. 이 책을 통해 오늘의 내가 있게 만든 계기가 되었던 내 삶의 희로애락과 사건을 기록하고, 끊임없이 샘솟는 생각들을 정리하고, 내가 왜 행복하게 살고 있는지를 이야기하려고 한다. 또한 남은 인생을 어떻게 살아갈까를 차분하게 생각해 보고자 한다.

내가 이렇게 글을 쓰게 되는 데는 돌아가신 아버지의 영향이 제일 크다. 선친께서는 평소에 말씀도 적으셨던 데다, 53세의 젊은 나이에 뇌출혈로 쓰러지신 후, 단 한마디 말씀도 못 하고 돌아가셨기에 나는 늘 아버지의 말씀이 그립고 아버지의 생각이 궁금했다. 나는 자식들에게 그런 그리움과 궁금증을 주지 않게 하고 싶다.

이 책은 나의 소중한 경험과 생각들을 쓰는 것이기에 쓸데없는 무용담이나 거짓은 담지 않으려고 한다. 다만 나도 인간이기 때문에 일부 기억의 왜곡이나 주관적인 생각이 있을 수도 있다. 이 책이 행복을 찾는 이들과 젊은이들에게 보이지 않는 길을 보이게 하고, 행복하게 사는 법을 찾는 데 도움이 되었으면 한다.

내가 어떻게 살아왔고 왜 행복한지를 알게 되면, 나보다 더 행복한 삶을 살 수 있지 않을까 생각한다. 특히, 후배들에게는 행복하게 살아가는 가장 중요한 원동력이 무엇이고, 행복의 원천은 어디에 있는가를 생각해 볼 기회가 되었으면 한다. 내 자식들에게는 이 책을 읽으면서 내가 자식들에게 전해 준 모든 사랑과 지혜가 어디서 왔는지를 알고, 너보다도 더 행복한 삶을 만들어 나가기를 바란다.

목차

이야기를 시작하며 4

제1장
지나온 삶

1 나의 인생 12
2 아픔과 후회 16
3 가난과 시련 20
4 학창 시절 24
5 군대 생활 30
6 직장 생활 이야기 34
7 아버지 48
8 어머니 52
9 결혼과 나의 아내 56
10 장인, 장모님 60
11 자식 이야기 63
12 친구 68
13 나의 선생님들 70
14 상조회 77
15 노동조합 82
16 AIP와 국방대 안보과정 91
17 고마운 사람들 94
18 단전호흡과 나의 인생 106
19 골프 111
20 나의 후회들 113

제2장 ──
에피소드

1 전화위복 118
2 우물 122
3 공책 125
4 사즉생 127
5 농부의 땀과 오천 원 130
6 혼식 132
7 원 플러스 원 134
8 누명 137
9 군계일학 142
10 완장 147
11 갈비뼈 골절과 재채기 150
12 시크릿 152
13 나의 수호신 155
14 TV는 사랑을 싣고 158
15 내가 좋아하는 영화와 사우나 161
16 이명과 돌발성 난청 166
17 최상위 포식자 171
18 실력자와 선문가 174
19 KTX에서 흘린 눈물 177
20 그때 그날 179

제3장

나의 생각

1 나는 누구인가? 182
2 내게 소중한 가치들 185
3 우주의 주인공 187
4 시련의 가치 190
5 하늘은 스스로 돕는 자를 돕는다.
  범사에 감사하라! 193
6 인생과 시간, 그리고 Plan B 196
7 부모 사랑은 어른이 되어서까지도 199
8 머리 좋은 사람들, 머리 나쁜 사람들 202
9 배신과 비겁함(소탐대실 vs. 결초보은) 205
10 멋과 맛, 그리고 인간미 209
11 협상의 기술 212
12 원자력 이야기 216
13 군중심리에 휘둘리지 말자 222
14 고속도로는 나의 카페 224
15 마음 놓고 일을 맡길 사람이 있으면 좋겠다 226
16 작은 변화가 큰 변화를 만들어 낸다 228
17 외로움 230
18 눈물이 난다 233
19 나이 들어가는 기쁨 236
20 지나간 날들에 감사하며 238

제4장 — 행복하려면

1 꿈, 행복을 위한 시작 242
2 자각과 자신감 245
3 조금 더 솔직해지면 조금 더 행복해진다 248
4 자유롭게 살아라 250
5 감사하며 살자 252
6 인정받는 자는 사는 방법이 다르다.
  자신감으로 다 이겨 낸다 254
7 사랑과 성공은 마약과 같다 256
8 끝날 때까지는 끝난 게 아니다 258
9 안일하게 생각하지 마라 260
10 남에게 기대지 마라 262
11 나만의 매력을 갖추자 264

맺음말 266

제1장

지나온 삶

1
나의 인생

 60대의 중반인 지금의 내 나이는 인생을 재점검하기에 아주 적당한 때이다. 이제까지의 내 삶을 생각해 보면 다 표현할 수 없을 정도로 고난과 희열, 열정과 감사함으로 가득하다. 그야말로 다이내믹하다고 생각된다. 물론 나만의 생각이지만, 나름의 고난과 소소한 성취 등 다양한 콘텐츠와 탄탄한 시나리오로 구성된 영화 같다.
 때로는 눈물이 날 정도로 가슴 시리게 아팠고, 때로는 벅찬 감동에 눈물도 흘렸고, 너무나도 다이내믹한 내 인생의 여정을 살고 있다. 가끔은 이렇게 격렬한 것보다는 평탄한 인생이 낫지 않을까 하는 생각도 해 보지만, 내 성격을 감안하면 평탄한 인생은 지루할 것 같다는 생각이다.
 이런 역동적인 삶을 살게 된 것은 나의 선택보다는 내게 주어진 상황들 때문이었다. 실상 따져 보면 쉽게 굴복하거나, 포기하지 않는 내 성격과 자존감이 크게 작용했다. 내가 남달리 강한 자존감을 갖게 된 가장 큰 이유는 유년 시절에 나를 아껴 주신 할아버지의 사랑 때문이다. 할아버지와의 추억이 지금까지도 잊혀지질 않고, 내 삶의 가장 밑바닥에 원천 에너지로 남아 있었기 때문이다.
 할아버지께서는 내가 5살 때 돌아가셨다. 고혈압 때문인지 전날도 멀

쩡하셨는데, 주무시다 갑작스럽게 돌아가셨다. 큰아버지 댁은 조부모님과의 갈등으로 나가 사셨기 때문에 아버지는 셋째 아들이셨지만 조부모님을 모시고 살았었다. 할아버지가 돌아가신 후, 내가 초등학교 1학년 때 할아버지와 함께 살던 집에서 전기도 들어오지 않는 변두리로 이사를 하게 되었다. 유복했던 내가 부잣집 손주에서 갑자기 빈농의 아들로 바뀐 삶을 살게 된 것이다.

나는 갑자기 겪게 된 가난에 당황했다. 처음엔 아무것도 몰랐지만, 나중에 그 이유를 알고 화가 많이 났다. 큰아버지가 할머니를 모시고 살던 우리 집을 팔아서 집을 비워 줘야 했기 때문이다. 전등불 밑에서 생활하다가 갑작스럽게 전기도 없는 동네로 이사 와 등잔불로 산다는 것은 어린 내게는 큰 충격이었다. 가난은 견디기 힘들었다. 그러나 나는 단 한 번도 좌절하거나 내가 빈농의 아들이라고 생각하질 않았다.

비록 곤경에 처해 있지만 반드시 여기에서 벗어나겠다는 생각으로 살았다. 이런 의지를 포기하지 않았기에 오늘의 내가 있었다고 생각한다. 나보다도 더 가난했던 사람들이 훨씬 많겠지만 유복하게 자랐던 내게 주어진 가난은 몹시 힘들었다. 비록 가난은 힘들고 많은 어려움을 겪게 했지만, 오히려 내가 가난하지 않았다면 경험할 수 없는 세계를 어린 나이에 경험했던 것을 감사하게 생각한다.

나는 어린 나이에도 불구하고 가난하든, 부자든 간에 그게 나 자신이 아니라 내가 입고 있는 옷일 뿐이라고 생각했었다. 나는 어린 시절의 예기치 못했던 가난 외에도 사회생활을 시작한 지 얼마 안 되어 당한 교통사고로 인한 무릎과 허리의 통증, 이명과 난청 등 난치병으로 오랫동안 고생하고 있다. 그렇지만 나는 현재 이런 어려움과 아픔에 머물러 있지 않다는 것에 감사한다.

　이런 고난과 고통 속에서 남들보다 많은 생각할 기회를 갖게 된 것은 감사한 일이다. 만일 내가 가난하지도, 아파보지도 않았고, 힘든 경험도 안 해 봤다면 어려운 사람들의 마음을 이해하지 못하고, 교만하고 자만한 사람이 되었을지도 모른다.

　교통사고 후유증으로 고생한 덕분에 단전호흡 수련도 만나고 건강도 회복하였다. 단전호흡을 통해 명상하면서 차원이 다른 내면의 세계를 여행하며 남들이 쉽게 경험하거나 상상할 수 없는 행복한 세계를 살고 있다. 가슴 아프고, 힘들고, 후회되는 일도 많았다. 아직도 아쉽고 부족한 부분이 많지만 나는 내가 상상하거나 기대했던 그 이상의 세계를 살고 있기에 내 삶에 대해 늘 감사하게 생각한다.

　주변 사람들에게 배신도 여러 번 당하면서 화도 나고 가슴도 아팠지만, 그들이 더 늦게까지 나를 속이지 않고 일찍 정체를 드러내어 준 것에 감사한다. 비록 나쁜 사람들에게 실망도 컸지만 내게 감동을 준 많은 좋은 사람들을 만나게 된 것에 더욱 깊이 감사하는 마음을 갖고 살고 있다.

　나는 뜻이 있는 곳에 길이 있다고 믿고, 느끼며 살고 있다. 물에 떠다니는 낙엽처럼 살고 싶지 않다. 나의 의지와 생명력으로 인생이란 거친 물살을 헤쳐 나가는 것이 나의 삶이다.

　나는 책을 많이 읽지 못했지만 닭, 돼지를 키우시며, 논밭 농사를 지으시던 부모님을 도우며 자란 덕분에 자연 속에서 깨달은 많은 것들에 감사한다. 책을 통해서 이해하고 깨닫는 것보다도 힘든 삶과 오랜 수련을 통해서 삶의 의미나 철학적 사고를 스스로 깨달으며 살아왔다.

　남의 말을 듣거나 남의 글을 읽고 그들의 생각을 이해하고 받아들이는 것보다도 나 스스로가 느끼고 깨닫고 나의 것으로 소화한 것을 감사하게 생각한다. 누구를 따라가고 싶은 것보다는 나 자신만의 세계를 찾아가는 것도 큰 의미가 있다고 생각한다. 20년 넘게 단전 호흡을 하며 명상 수련을 하였다. 깊은 내면의 세계에서 나오는 울림과 깨달음을 찾을 때의 감동과 희열은 이루 말로 다 표현할 수가 없다.

단순하게 건강하고 여유롭게 사는 것 자체가 감사한 것이 아니다. 현재에 머물지 않고 늘 스스로 끝없이 노력하며 내 삶의 의미를 찾는 깨어 있는 삶을 살고 있는 게 기쁘다. 욕심내고 버둥거리며 사는 삶이 아니라 모든 것에 감사하며 사는 삶이 즐겁다. 세상에서 얻기보다는 세상에 깊어가는 삶이 즐겁다.

아직은 이렇다 할 성공을 한 것도 아니다. 실수도 부족한 점도 많지만 이 또한 나의 것으로 자연스럽게 받아들이며 부족함을 줄이고자 노력한다. 어렸을 적엔 부모님이 내게 단점만 물려주셨다고 생각한 적도 있다. 그러나 이젠 내게 큰 재능을 주셨다는 것을 깨닫게 되었다. 나를 낳고 길러주신 부모님께 감사하는 마음으로 부모님께 받은 사랑을 자식들에게 전해 주는 삶이 즐겁다.

1987년부터 38년 넘게 직장 생활을 하며, 말단부터 최고위 간부직까지 수행했다. 편하게 지내는 것보다는 실무부터 경영까지 다양한 업무를 수행하며 갖게 된 나의 역량을 발휘하는 것이 즐겁다. 내게 남은 인생이 어떻게 펼쳐질지는 모르겠지만 지금까지 살아온 것처럼 에너지 넘치는 인생을 살고자 한다. 스스로 나 자신에게 당당할 수 있고 조금 더 의미 있는 삶을 살아가고자 한다.

2
아픔과 후회

나는 어릴 때 기억이 잘 잊혀지질 않는다. 때로는 그 행복했던 기억들이 내가 힘이 드는 이유가 되기도 한다. 할아버지는 내가 5살 때에 돌아가셨다. 물론 일부 기억이지만 할아버지와 함께 행복하게 살았던 순간들, 그 집에서 살던 모습이 60대 중반인 지금도 잊혀지질 않는다.

할아버지가 돌아가신 후 내게 갑작스럽게 닥친 가난한 삶은 나를 무척 당혹스럽고 힘들게 했다. 우리 집은 가난하다고 해서 끼니를 걱정할 정도는 아니었기에 가난 때문에 힘들었다고 말할 수는 없다. 그보다는 가난으로 인해 내가 겪어야 했던 고통이 나를 힘들게 했다는 게 정확할 것이다. 나는 한때, 잠시나마 신세 한탄은 했었지만 부모님을 원망한 적은 없으며, 내 부모님 또한 누구를 원망하시는 모습을 본 적이 없다.

할아버지와 함께 살았던 집은 본채와 사랑채, 행랑채로 이뤄져 있었고, 부엌을 나가면 행랑채 사이의 뜰에 우물이 있었다. 독특한 것은 이 우물의 도관이 보통의 콘크리트 도관에 비해 길이가 약 세 배 정도였고 표면이 매끄러웠는데, 지금까지 살면서 이런 도관은 보질 못했다. 앞마당 양옆에는 큰 대추나무가 있었고, 뒷마당에는 포도나무와 청포도 나무, 앵두나무와 감나무 등이 있었다.

좋은 집에서 아무런 어려움 없이 행복하게 자라던 내가 우물도 없고, 전기도 없는 변두리 마을로 이사와 등잔불 밑에서 생활하게 되었을 때, 그 어린 나이에 느낀 충격은 너무나도 컸다. 나는 이때부터 할아버지가 돌아가신 이후 변두리로 쫓겨나 화병으로 쓰러져 7년을 아파서 못 일어나셨던 할머니와 함께 가난한 농부의 아들로서의 삶을 살게 된 것이다.

나는 초등학교 3학년 때부터 집안일을 하기 시작했다. 언덕 아래의 마을 공동우물에서 힘들게 물을 길어 오시는 어머니를 보고 내가 도와드리겠다고 시작한 게 계기가 되었다. 어느 날부터인지 내가 해야 할 일들이 눈에 들어왔다. 땔감용 장작을 패고, 물을 길어 오고, 돼지죽을 쒀 주고, 닭 모이를 주는 일을 하였다.

부모님은 온종일 논밭에 나가 일하셨기에 집안에서 해야 할 일들이 있으면 그것은 맏이인 내가 알아서 해야 할 일이었다. 나도 나이가 어렸지만 나보다 어린 여동생들에게 그런 일을 시킬 수도 없는 일이기에 누구에게 미룰 일이 아니었다.

나는 종교는 없지만 내게 주어진 어려움을 이겨 낼 수 있는 의지와 강인한 인내심을 가진 것에 감사한다. 너무 힘들고, 자존심이 상해서 자살을 생각한 적도 있고, 때로는 분노를 참기 힘들어 사고를 칠 뻔한 경우도 있었다. 다행스럽게 나는 자살하지도 사고를 치지도 않았기에 오늘의 내가 있다고 생각한다. 만일 내가 유약하게 현실 탓만 하고 자포자기하는 사람이었다면 나와 우리 가족의 현재는 많이 달랐을 것이다.

나는 지금도 언덕 아래의 마을 공동우물에서 물을 길어 오고, 돼지죽을 주고 나서 힘들어서 지친 몸으로 돼지우리 앞에서 쭈그려 앉아 앞으로 내 삶은 어떻게 될까 막연하게 미래를 생각하던 나 자신을 잊지 못한다. 이 당시의 내 생각에 비추어 생각하면 나는 상상조차 하지 못했던 행복한 삶을 살고 있으니, 모든 게 감사할 뿐이다.

내게 가장 고통스럽고 가슴 아팠던 순간은 공고에 다닐 때의 일이다. 가정 형편 때문에 공고에 진학했는데, 이곳은 내가 생각하던 학교가 아니라 직업훈련소 같은 곳이었다. 은도끼라고 불리던 미치광이 같은 교사에게 찍혀 인간 이하의 수모를 당하며 시달렸기 때문이다. 요즘도 수준 이하의 교사로 인한 사건들이 보도될 때가 있지만, 그 당시 은도끼라는 교사는 인간이 아니라 해도 과언이 아닐 정도로 심각했다. 그의 무자비한 폭행과 스토커 같은 지속적인 핍박은 견디기 어려운 고통이었다.

그게 가난했기 때문에 공고에 진학해서 겪어야 했던 일들이라 그때는 정말 가난이 너무나도 원망스러웠다. 그러나 부모님께는 걱정을 끼칠까 아무 말도 안 했다. 혼자 고통 속에서 헤매는 내 모습은 마치 덫에 걸려 꼼짝 못 하는 야생동물과도 같은 신세였다.

내가 가난하지만 않았어도 이런 지옥 같은 삶은 없었을 거라 생각했다. 어쩜 10대 청소년으로서는 당연한 생각이다. 선친께서 돌아가신 지 40년이 다 되었지만 잠시라도 가난을 원망했던 그 순간이 늘 죄송스럽고 부끄럽다.

다른 한편으로는 나의 소중한 청소년기의 가슴에 남은 깊은 상처가 너무나도 안타깝고 아쉽다. 그러나 이조차도 감사하게 생각하는 것은 내가 이 고통의 터널을 잘 벗어나서 행복하게 살고 있다는 것이다. 이런 고통을 이겨 낸 덕분에 웬만한 일에 힘들어하거나 좌절하지 않고, 모든 역경을 잘 이겨 내고 있다.

나는 약한 사람들, 곤경에 처한 사람들을 돕는 것을 좋아한다. 그것은 내가 정말 고통받고 어려울 때 나를 도와주는 선생님들이 없었다는 것에 대한 아쉬움 때문이다. 중요한 것은 이 어려운 와중에도 나를 구해 주신 고3 담임 선생님을 비롯해 사회에서도 나를 도와주신 많은 분들 때문에 오늘의 내가 있다는 것에 깊이 감사하기 때문이다.

나는 이러한 아픔 없이 평탄한 삶을 살았으면 하는 아쉬움도 있다. 그렇지만 이 모든 게 나를 강하게 만들려는 하늘의 뜻이고 나의 운명이라고 생각한다. 많은 아픔과 역경을 이겨 내고 열심히 잘 살아가는 나 자신에게 감사하며, 스스로 격려하며 살아가고 있다.

3

가난과 시련

 나는 유복한 환경에서 태어났다. 그러나 불행하게도 할아버지가 돌아가신 이후 집이 어려워졌다. 고등학교를 졸업할 때까지 가난한 환경에서 성장하면서 많은 아픔을 겪었다. 또한 내 나이 26살 때 선친께서 갑자기 돌아가시면서 다시 또 겪어야 했던 경제적 어려움은 나를 힘들게 했다.
 가난했기에 겪어야 했던 아픔이 많았지만, 다행스럽게도 이런 가난을 극복한 것에 감사한다. 나는 역경을 겪으면서 정신력을 강하게 할 수 있었다. 또한 힘들고 어렵게 사는 사람들의 아픔을 이해하고, 약한 사람들을 도와주려는 마음도 갖게 되었다. 내가 가난하지 않았으면 여러 가지 어려움들을 경험하고, 이겨 내는 성취감과 기쁨을 느끼는 기회가 없었을 것이다.
 가난하다 보니 물질적으로는 물론 정신적으로도 고통스러운 일들이 많았다. 그렇지만 내 자존심을 죽이지 않으면서도 이 역경을 이겨 낸 것이 내가 스스로 자랑스럽게 생각하는 부분이다. 생각해 보면 강한 의지와 자존심이 없었다면 가난은 나를 더욱 힘들게 했을 것 같다.
 초등학교 3학년 때 옆 동네의 친구 집에서 하는 숯 공장에 가서 일한 게 나의 최초의 돈벌이였다. 각자 등잔불을 하나씩 켜 놓고, 비닐봉지에 숯을 담은 후 봉지의 끝부분을 순간적으로 등잔불에 녹여 그 부분을 손으로 눌러서 붙이는 일이었다.

일이 끝나면 늘 손과 얼굴이 시커멓게 숯가루 범벅이 되어 있었지만, 수십 개의 봉투를 붙여 봐야 겨우 몇십 원의 돈을 받는 게 전부였다. 그나마 당시에 나 같은 어린 학생이 돈을 벌 수 있는 수단은 그것뿐이었다. 돈을 벌기가 쉽지 않다는 걸 알게 해 준 최초의 경험이기도 했다.

숯 공장일 다음으로 했던 것은 내 모교 옆의 시장에서 어머니의 장사를 도와드렸던 일이다. 어머니는 우리 밭에서 재배한 채소나 곡물, 소래포구에 가서 생선을 사다가 시장에 나가 파셨다. 어머니가 들기도 힘든 큰 대야를 머리에 이고 가시는 걸 보고는 도와드리려고, 나는 자전거를 배워 짐 자전거로 대야를 시장에 날라 드렸다. 시장에서 어머니 옆에 앉아 정말 돈 몇십 원 벌기가 너무 어렵다는 것을 절실히 느꼈다. 돈을 가진 아줌마들이 내 어머니께 하인 대하듯이 말하는 것을 지켜보는 어린 내 마음은 편할 수가 없었다.

당시에 나는 내가 커서 어른이 되면 반드시 어머니가 오늘 겪는 이런 일들을 다시는 겪지 않게 해 드리겠다고 다짐했다. 내가 사회생활을 하면서 어머니가 생활비 걱정 안 하시게 했으니 내가 이때 다짐했던 꿈을 이룬 것이다.

가난이란 것이 그냥 먹고 싶은 거 제대로 못 먹고, 입고 싶은 거 못 입는 것으로만 그치는 게 아니다. 가난하다는 사실 자체로 힘든 일이 많다. 이성 또한 아예 사귀어 보자고 얘기조차 할 수 없는 가혹한 환경을 제공하기 때문에 감수성이 예민한 청소년기에 좌절감을 안겨 준다.

나는 고1 때 한 여학생을 좋아해서 잠시 사귄 적이 있다. 그러나 그녀는 내가 가난한 농사꾼의 아들이고, 깡패학교인 공고에 다닌다는 이유로 헤어졌다. 민감한 청소년기의 내게는 매우 가슴 아팠던 일이지만 그녀를 원망할 수 없었다. 당시 가난은 고등학생인 내가 극복할 수 있는 문제가 아니었다. 나 자신이 어떤 생각을 가졌고, 내가 누구라 하더라도 다른 사람에게는 내가 입고 있는 껍데기만 보인다는 게 안타까웠다. 당시에 나는 어떤 사람이라는 걸 보여 줄 수 있는 게 아무것도 없었다.

가난이 더 깊어져 그나마 살던 집을 팔고, 양철 지붕 집에 세를 들어갔었다. 그런데 그 집주인이 무시하는 태도에 나는 아버지를 졸라 추레해도 좋으니 우리 집을 갖자고 해서 몇 달을 노동해서 논바닥 가운데 집을 짓고 이사를 했다. 아무리 가난해도 자존심이 상하는 것은 싫었기 때문이다. 막내 동생과 찍은 사진에서 내 머리 위에 보이는 논 가운데 있는 집이 내가 아버지와 함께 지은 집이다. 나는 가난으

논 위에 지은 우리집 앞에서
막내 동생과 함께

로 인해 겪은 이런 시련과 아픔을 나 자신은 물론 내 자식들이 다시는 겪지 않도록 하겠다는 강한 의지를 갖게 되었다.

나는 아버지께서 돌아가신 후 겨우 1년이 지난 때에 결혼했는데 당시에는 큰 은행 빚이 있었다. 36만 원 정도의 월급에서 거의 반을 이자로 내고 있던 탓에 나와 아내는 정말 쪼들린 삶을 살아야 했다. 아내는 생활비를 보태기 위해 짧은 기간이나마 우유 배달을 했었다.

이런 어려운 시기를 보낸 탓인지 경제적으로 비교적 여유로워진 지금

도 내 아내는 비싼 옷을 사 입지 못한다. 사회생활을 하는 나는 어쩔 수 없이 옷을 사고 있지만, 내 아내는 너무 검소하게 지낸다. 검소를 넘어서 자신의 옷 구입과 치장에는 너무 인색하다. 이게 다 신혼 때부터 어렵게 살았던 탓이라 생각되어 아내에게 늘 미안하기 짝이 없다.

가난은 잘못이 아니지만, 정말 극복하기 힘들고 아픈 것이다. 그렇기에 더더욱 이겨 내야만 한다. 가난을 탓하고만 있으면 그 고통에서 못 벗어난다. 가난은 더 일해서 더 벌고, 덜 쓰거나, 안 써서라도 이겨 내야만 한다. 최소한 남들보다 한 가지는 더 해야만 이겨 낸다.

맛있는 것을 먹으면 맛있고 즐거운 것은 당연한 일이다. 그렇지만 남들 먹는 거 다 먹고, 남들 노는 거 다 놀면서 극복할 수는 없는 것이다. 나는 다행스럽게도 맛있는 것을 못 먹어도 힘들다거나 고통스럽지 않았다. 비싼 옷이 더 멋있겠지만 너무 추레하게 보이지만 않으면 된다. 비싼 옷이 아니어도 적당한 옷을 입으면서도 내면을 채우는 게 더 중요하다고 생각한다.

이런 생각은 나에게 큰 고통 하나를 덜어 준 것이고, 시련을 잘 이겨 내게 해 줬기에 감사하게 생각한다. 이제는 필요한 옷도 사고 먹고 싶은 음식도 먹을 수 있다는 사실이 남들에게는 평범한 일일지 몰라도 내게는 매우 특별한 기쁨이다. 요즘 나는 반가운 지인들과 맛있는 음식을 먹으며 담소를 나누는 것을 좋아한다. 나는 음식보다도 반가운 지인과 시공간을 함께 한다는 것 자체에 더 큰 의미를 둔다.

4
학창 시절

 나의 학창 시절은 평탄한 에세이 같은 형태가 아니라 기승전결과 같이 한 편의 소설과도 같은 특징을 갖고 있다. 나는 초등학교 생활을 우울하고 과묵하게 보냈다. 1학년 여름에 전기가 들어오는 큰 집에서 살다가 4km쯤 떨어진 전기조차 들어오지 않는 동네로 이사했다. 마음의 충격이 커서인지 그때부터 나는 말이 없어졌다.
 그 동네 가까운 곳에 학교가 있었지만, 나는 아버지께 원래 다니던 학교에 다니겠다고 했다. 전기도 없는 곳으로 이사 온 것도 싫었는데 학교까지 옮기고 싶지는 않았다. 덕분에 무려 5년 반을 4km 길을 걸어 다녔다. 어린 나이에 먼 거리도 감수했던 나의 오기가 지금 생각해도 놀랍기도 하다. 그런 어린 나의 엉뚱한 고집을 받아 주신 아버지께도 늘 감사하게 생각하며 살고 있다.
 나는 사촌 형이 쓰던 헌책은 물론 입던 옷도 물려 입었다. 아버지께서 인천항에서 일하고 가끔 얻어 오시는 구호물자 중 입을 만한 옷들을 골라 입기도 했다. 검정 고무신을 신고 매일 4km 길을 왕복했다. 학교가 끝나도 1시간을 걸어와 집안일을 해야 했기에 친구들과 어울려서 놀 수가 없었다. 집에 오면 물도 길어 오고, 장작도 패고, 닭 모이와 돼지죽을 주는 일들을 해야 했다. 몸과 마음의 여유가 전혀 없다 보니 과묵한 성격을 갖게 되었다.

이런 초등학교 때와는 달리 중학교에 들어가서는 마음이 많이 편해졌다. 교복을 입고 운동화를 신으니 새로운 기분을 느꼈다. 점심시간에 친구들과 어울려 놀며 성격이 좀 쾌활해지게 되었다. 중학교 때는 내가 공부를 본격적으로 하게 되는 동기를 주고 자신감을 갖게 된 큰 전환점이 된 시기였다. 학창 시절을 돌이켜 보면 중학교 때가 가장 행복했던 시기였다고 기억된다.

당시 우리 학교는 학년 별로 약 850명 정도의 학생들이 있었다. 매월 월말고사가 끝나면 게시판에 매월 전교 100등까지 석차를 공개하였다. 전교 석차를 보면서 내 실력이 어느 정도인지도 알게 되고, 공부에 대한 재미도 알게 되었다. 그 때문에 반 친구들의 석차와 비슷한 성적 대의 다른 반 학생들의 이름도 자연스럽게 알게 되었다.

친구들과 함께 공부하며 즐겁게 경쟁하던 일이 즐거웠다. 영어, 수학, 물리 과목이 특히 재미있었다. 그렇다고 해도 공부에 특별한 관심이 있었던 것은 아니었고, 과외를 하거나 학원을 한 번도 다닌 적이 없었기에 1등이 되고 싶다는 꿈조차 꾸지 못했다. 이런 내가 반에서 1등은 물론 전교 2등까지 하고 졸업하는 큰 발전을 이룬 시기였다.

그러나 중학생 시절의 행복은 중3 2학기 때에 끝났다. 담임선생님이 아버지를 면담하신 후, 교무실로 나를 불러 너희는 대학 등록금을 낼 형편이 안 된다고 하시니 공업고등학교(공고)로 진학해야 한다고 말씀하셨다. 나는 이 말을 듣고 가슴이 먹먹했다. 행복한 학창 시절이 그렇게 끝났다. 나는 누구에게도 아무 말도 할 수 없었다. 이때 내 가슴을 짓눌렀던 가슴 아픔은 평생 잊지를 못했고, 대신 늘 가족들에게 좋은 환경을 제공하고자 하는 강한 의지를 내게 심어 주었다.

　나는 인천기계공고에 진학했는데 마치 직업훈련소 같은 고교 과정은 내게 고난의 시기였다. 동료 학생들도 대부분 미래에 대한 꿈이 없는 것처럼 보였다. 중학교 때와는 너무 다른 학교 분위기와 친구들에게 충격을 받았다. 몇몇 친구들이 내게 함께 자퇴하고 검정고시를 보자고 권유했지만, 나는 아버지께 걱정을 끼쳐드릴까 주저하다 결국 자퇴를 포기했다.

　나를 가장 힘들게 한 것은 전교 1등을 계속한 게 화근이 되었다. 교과와 실습성적이 모두 우수하다는 이유로 기능올림픽에 나가는 전공생으로 반강제적으로 발탁되면서였다. 전공생이 되어도 3학년이 되어야 대회에 나가는데 나를 2학년 때 대회에 내보내겠다며 선발했기 때문이다.

　나는 전공생 선배들에게 한 학기 내내 구타를 당하며 시달렸다. 결국 전공생을 그만뒀지만, 이때부터는 전공생을 그만뒀다는 이유로 한 선생님에게 너무 많은 고통을 받았다. 이 부분은 별도로 정리하고자 한다. 대부분 취업하는 가운데 나는 여러 우여곡절을 거치며 몇 달을 공부해서 대학에 진학한 소수 졸업생 중 한 명이 되었다.

　대학에 입학해서는 공부를 거의 못 했고 방황을 많이 했다. 기본적으로는 남들은 인문계 고등학교에서 3년간 배운 고교 교과 과정을 불과 몇 개월 독학으로 마쳤기에 학습 능력이 부족한 탓이었다. 그러나 부족한 공부를 채우기보다는 고교 시절의 마음의 상처에서 벗어나질 못하고 많이 방황했다. 마치 혼자 길을 가다가 미친개에게 물린 것처럼 이상한 교사에게 시달렸던 마음의 상처를 이겨 내지 못했기 때문이다.

　대학도 전기에 떨어지고 후기 대학에 들어간 것이라 학교에도 큰 애정이 없었다. 특히 1학년 때인 1980년에 발생한 5.18 광주민주화항쟁으로 인해 5월 중순부터 11월 초까지 5개월 넘게 휴교령 때문에 학교에도 못 나가고 놀았다. 이런 일로 공부에 흥미를 갖지 못했고, 공부에 집중할 여건도 아니었다.

나는 1학년 때 부산 출신의 한 친구와 함께 그의 부산 집에 가서 담배를 배웠다. 이때부터 친구들과 전국을 여행 다니며 정신없이 놀았다. 게다가 휴교령이 끝나고 개강한 1학년 말에는 당구를 치기 시작했다. 2학년 1학기 초에 50점으로 시작한 당구가 1학기 말에 300점을 쳤고 2학년을 당구에 미쳐서 보냈다. 결국 2학년 2학기에는 20학점 중 12학점의 F 학점과 함께 학사경고를 받았다. 나는 무너지는 자신을 더 이상 주체할 수 없었다. 결국 나는 나 자신을 추스를 방법도 없었기에 1982년 9월 6일 스스로 군에 입대하고 말았다. 그때는 군대가 없으면 정말 갈 곳도 숨을 곳도 없었다.

나의 방황은 입대로 끝을 맺었다. 비록 군 생활은 지긋지긋한 긴 졸병 생활과 구타와 부당한 일도 많고 힘들었지만, 내게는 매우 소중한 시간이 되었다. 혹독한 군 생활은 내가 이런 세상을 살아가야만 한다는 냉정한 현실을 인식하게 해 줬다. 군대는 이제는 더 이상 부모님 품 안에 자식으로서 살 게 아니라, 내 자신의 인생을 어떻게 살아가야 할지를 생각하게 해 주었다. 군대에 대한 고마움은 제대한 지 40년이 넘게 지난 지금도 변함이 없다. 군대 생활에서의 재밌던 기억들은 별도로 정리하고자 한다.

비록 군대가 힘들었어도 내학을 졸업할 엄두기 안 났기 때문에 직업군인을 하려는 생각도 했었다. 레바논 파병 얘기가 나와 용병을 지원할까도 생각했는데 정부의 계획이 취소되었다. 결국 상급자들에게 무조건 복종해야만 하는 군인을 직업으로 할 수는 없다는 생각에 1984년 12월 5일 만기제대로 전역했다.

제대 후 집에 돌아왔지만 내 마음은 편하지 않았다. 내 앞에 놓인 엉망인 내 인생을 두고 모든 게 엄두가 나지 않았다. 한 달을 방에 처박혀 담배만 피웠다. '나는 어떻게 살아야 하나? 내가 해낼 수 있을까?'라는 고민만 했다. 고민 한 달 만에 나는 결국 어떻게든 뚫고 나갈 수밖에 없다는 결론을 내리고 집에서 가까운 시립도서관에 나가서 복학을 앞둔 한 달을 공부에 전념했다.

나는 정신을 차리고 만 2년을 고시생처럼 죽기 살기로 공부했다. 매일 당구장을 전전하고, 학사경고를 받고 군대로 도망갔던 내가 복학 후 거의 모든 과목을 A+ 학점을 받고 장학생이 되었다. 그 덕분에 대덕연구단지에 있는 정부출연연구소에 합격하였다. 무사히 졸업한 것은 물론 개과천선하여 높은 경쟁을 뚫고 당당하게 연구원에 입사한 것은 내게는 또 하나의 기적이었다.

나는 졸업생 사은회에서 사회를 맡았다. 행사 진행 중에 간단히 내가 복학할 때 가졌던 꿈에 관해 얘기했다. 내 꿈은 세 개였는데, 첫째는 졸업을 무사히 하는 것, 둘째는 취직하는 것, 셋째는 평점 3.0을 넘기는 것이었다. 나는 이 세 개의 꿈을 한 학기를 보내면서 다 이룰 수 있다는 자신감을 가졌고, 더욱 열심히 공부하게 된 것 같다.

이것은 꿈을 생각하고, 현실 속에서 꿈을 이루는 기쁨을 알게 해 준 젊은 나이의 매우 소중한 경험이다. 돌이켜 보면 내게 대학 생활은 방황으로 시작해서 개과천선하여 성공적으로 사회에 진입하게 된 기간이다. 지독한 가슴앓이와 많은 방황을 하던 청년기를 잘 끝내고 번듯한 성인이 되었다.

요즘 대학 1, 2학년 때 함께 놀았던 친구들과 만나면 네가 어떻게 연구원에 들어갔느냐며 개과천선했다고 놀려 댄다. 그만큼 1, 2학년 때 공부 안 하고 놀았던 나와 3, 4학년을 공부하며 노력했던 나는 전혀 다른 사람이었기에 같은 사람이라고 믿기가 쉽지 않은 것이다. 물론 대학 졸업 후 직장 생활을 하며 끊임없이 노력한 부분이 있기에 오늘이 있다는 걸 생각하면, 지나온 대학 시절의 방황도 내 성장의 밑거름이 된 것 같다는 생각이다.

5
군대 생활

나에게 있어서 군대는 참으로 소중한 인생의 전환점이 되어 준 곳이다. 군 생활이 없었다면 오늘의 나는 없었을지도 모른다고 생각할 정도로 군대에 다녀 온 것을 감사하게 생각하지만, 군대에서 편하고 즐겁게 지냈기 때문이 아니다. 오히려 힘든 사건도 많았고, 고통스러웠지만 많은 것을 깨닫게 해 줬기 때문에 이를 감사하게 생각하는 것이다.

군대는 내게 고난을 이겨 내며, 이제는 내가 모든 걸 스스로 이겨 내야만 한다는 것, 이제는 더 이상 피하고 숨을 곳이 없다는 것을 알게 해 주었다. 또 한 가지 감사하게 생각하는 것은 많은 부당한 일을 겪으면서도 사고를 내지 않고, 많은 힘든 일들을 잘 해결해 내는 경험을 쌓게 해 준 것이다.

나는 수송부의 행정병으로서 행정의 많은 문제점을 개선하였다. 또한 괴팍하고 골치 아픈 고참병들과 후임병들 사이에서 일을 잘 조율하고 해결하였다. 이런 색다른 일을 하게 된 것은 매우 소중한 경험이었다.

나는 군대에서 복이 워낙 없었는지 졸병 생활을 오래 했다. 자대에 배치된 지 한 달 만에 고참병 6명이 제대하였다. 그다음 최고참이 상병이었으며, 제대한 6명을 채우는 졸병들이 들어온 후에는 아무도 들어오지 않았다. 그 고참병들이 제대할 때까지 세대교체가 전혀 되질 않았기 때문에 나는 동기들과 함께 서열 하위 2위 그룹으로 온갖 허드렛일을 해야 했다.

1년이 넘는 시간이 지나면서 내 위의 고참들은 서열에 따라 점차 식기 닦기나 청소 업무 등에서 면제받았다. 그러나 나는 내 밑의 6명의 후임병들과 함께 온갖 잡일을 다 맡아서 해야 했다. 상병 휴가를 나오는 아침까지도 식기 당번을 벗어날 수가 없었다.

당시 수송부에서는 구타가 일상이었다. 사고라도 내면 크게 맞는 것은 당연했고, 차가 긁히거나 고장이 나도 검차대에서 지적을 받으며 맞아야 했다. 무엇 하나라도 고참들에게 꼬투리가 잡히면 정비고에 집합해 맞는 일이 허다했다. 고참이 인상을 쓰고 모이라면 모이고 때리면 맞아야 했다.

나는 고참들이 온갖 사유로 트집을 잡고 훈계를 하면서 때리는 게 싫어서 수송부의 모든 일을 미리 잘 챙겨서 구타할 빌미를 주지 않도록 했다. 나는 판금과 도색을 하는 정비병과 운전병인 동기들과 함께 차량 파손 등 문제가 될 만한 일은 야간에 자체적으로 해결해서 구타를 상당히 줄일 수 있었다. 그러다 보니 중간 고참들도 우리 동기들을 고맙게 생각했다. 비록 맞고 싶지 않아서 시작한 일이지만 문제를 해결하는 능력을 키운 좋은 경험이라 생각한다.

내가 원치 않는 곳에서 원치 않는 사람들과 지내며 고참병들의 부당함에도 굴복하면서 견뎌야 하는 군 생활은 내게 대단히 큰 마음공부의 기회가 되었다. 또한 이런 경험을 했으면서도 후임병들에게는 이런 부당한 짓을 하지 않았다는 것이 내게 사부심을 갖게 해 준다. 신후임 병사들 간의 문제만이 아니라 수송관, 선임하사, 본부중대장 등 상사들과의 협조도 잘 만들어 낸 경험은 제대 후 사회생활에 소중한 자산이 되었다.

군 생활이 내게 가장 큰 변화를 일으킨 사건이 있다. 나는 상병 때 두 번째 휴가를 나오는 날 아침에도 식기를 닦아야 했다. 타 소대 동기들은 이미 식기 당번이 끝나고 내무반에서 담배를 피울 때인데, 나는 한참 차이가 나는 졸병들과 함께 식기를 닦았다. 다행히 휴가 후에는 식기 당번이 면제되기에 이제부터는 정말 열심히 놀겠다는 생각으로 휴가를 나왔다.

휴가 중에 입대 전에 친하게 지냈던 친구를 만났는데, 마침 취직할 회사의 사장을 면담하는데 함께 가게 되었다. 나는 졸지에 친구의 사장 면담에 함께 앉게 되었다. 사장님은 다짜고짜 내 친구에게 하루 종일 농땡이 치면서 논 사람과 열심히 일한 사람 가운데 누가 더 잘 자고, 누가 더 행복하겠냐고 질문했다.

사장님 말씀은 '열심히 일한 사람이 행복하다'는 것이다. 하루 종일 농땡이를 친 사람은 더 농땡이를 칠 수 없는가 생각하게 되고, 몸이 피곤하지 않으니까 잠이 잘 안 오는 데 반해 열심히 일한 사람은 몸이 피곤하고 다른 생각을 할 틈이 없기에 잠도 잘 오지만, 자기가 직장에서 열심히 일하고 있다는 자부심 때문에 더 행복하다는 것이다. 그러면서 친구에게 사장님 회사가 내 직장이고 자신이 직장의 주인이라고 생각할 거면 들어와서 일하도록 뽑아 주겠지만, 그냥 봉급을 받기 위해 오려고 한다면 다른 곳을 알아보라는 것이었다.

그 사장님의 말씀을 옆에서 듣고 있던 나는 크게 감동하고, 반성하게 되었다. 왜냐하면 나는 군대에서 청소를 할 때 스스로 깨끗하게 하자는 생각으로 한 것이 아니라 고참이나 선임하사가 시켜서 했고, 검사에 합격해서 쉬자는 생각으로 했었기 때문이다. 결국 나는 자발적인 게 아니라 피동적으로 살아오고 있다는 것을 깨닫게 된 것이다. 그래서 나는 군 복무 시 휴가 중에 '나 스스로가 주인으로 살자'는 생각을 갖게 해 준 이 사장님을 만난 것을 매우 감사하게 생각한다.

6
직장 생활 이야기

나는 1987년 정부출연연구기관인 '한국원자력연구원'에 입사하여, 현재까지 38년을 넘게 일하고 있다. 나는 국가적으로 중요하면서도 민감한 사용후핵연료의 안전한 관리기술 개발을 위해 일하고 있다.

직장에서의 38년은 좋은 날들보다는 힘들고, 가슴 아픈 일이 훨씬 많았다. 그러나 이런 많은 시련은 오히려 나를 성장시키고 강하게 만들었다. 나를 괴롭히고 실망시킨 사람들이 많았지만, 내게 감동을 준 좋은 분들도 많았음에 감사한다.

나의 직장에서의 일은 크게 세 분야로 구분할 수 있다. 연구활동, 노조활동, 그리고 연구과제책임자부터 부장, 소장까지의 경영 간부 활동으로 나눌 수 있다. 보통 한두 분야의 일에 그치는데, 나는 세 가지를 다 해 봤으니 참으로 운이 좋은 사람이라 생각한다.

연구원으로서는 각종 장치 개발, 원자력시설 설계, 인허가 및 현장 실증까지 다양한 일을 수행했다. 노조 활동으로는 대의원 의장과 지부장을 각각 두 번씩 하며 각종 제도 개선을 이끌었다. 연구과제책임자, 부장을 거쳐 소장이라는 최고 경영 간부로 일하며 대형 예타과제를 두 개나 성공시키고 난제를 해결하는 등 좋은 성과도 이뤄 냈다. 이렇게 다양한 일을 하면서 내 생각과 팀원들의 생각을 함께 모아 좋은 성과로 구현해 내는 것은 내게 큰 기쁨이었다.

직무를 수행하면서 "최초"란 수식어가 붙는 일들을 몇 가지를 수행하였다. 나는 1987년 4월 국내 첫 사용후핵연료 수송에 참여했다. 국내 최초로 운반하는 것이기에 사고 방지를 위해 원전에서 연구원까지 오는 여러 경로의 모든 교량의 상태를 일일이 확인했다. 비상용 예비차량과 호송차량 및 경비 인력 배치, 비상대응절차 등 예상치 못한 사고를 예방하기 위한 모든 걸 점검하는 등 운반에 관련된 많은 실무를 맡은 것은 소중한 경험이 되었다.

1989년에는 경수로 사용후핵연료 4다발을 운반할 수 있는 사용후핵연료 수송용기와 관련 장치를 성공적으로 개발했다. 이 장비들을 이용하여 고리 원자력발전소 현장에서 사용후핵연료 수송작업을 6년간 수행하였다. 각종 관련 절차서까지 개발하며, 국내 최초의 사용후핵연료 소내 수송 체계를 확립한 것이다.

고리 원전에서의 사용후핵연료 수송 작업

한참 행복해야 할 신혼 때, 아내와 갓난아기를 놔두고 먼 객지에 나와서 온갖 갑질도 경험하며, 군대보다도 힘든 기나긴 시간을 보냈지만, 현장을 누비며 많은 것을 배웠다. 지금도 이때 함께 고생하며 일했던 분들과 친하게 지내고 있다.

사용후핵연료 수송용기 개발도 힘들었지만, 설계 완료 후 인허가를 받는 게 너무 힘들었다. 설계기준과 평가방법 등 모든 걸 다 제출한 후 설명하고 안전함을 입증해도 부족했다. 온갖 증빙자료를 제출하고, 설명해서 인허가 담당자가 허가를 내줘도 전혀 문제가 없다고 안심하게 한 후 겨우 승인을 받았다. 원자력계는 인허가를 받아 본 사람과 그렇지 못한 사람으로 나뉜다고 할 정도로 인허가를 받아 본 사람은 사안을 바라보는 눈이 다르다.

내가 연구원에 입사했을 당시에는 직속 과 선배가 전혀 없었다. 당시 전체 직원이 약 1,800명 정도였고, 보직자도 많았다. 그런데 많은 직원 가운데 정말 유명한 고집쟁이 실장과 부장 밑에서 일을 시작했다. 내 부서에는 6명의 직원이 있었는데, 입사 초 선임자의 해외 파견으로 그의 일들이 내게 넘어오며 갑자기 일이 많아졌다. 이 일들은 그의 파견 복귀에도 불구하고, 내가 하던 일이기 때문에 계속해야만 했다. 게다가 나는 여러 장비의 설계를 맡고 있었고, 여기서 파생되는 일들이 많아서 늘 많은 일을 해야만 했다.

내 부장은 학연과 지연에 따른 차별이 매우 심했다. 아무런 이유도 없이 내 실장이 올린 나의 포상과 특진을 다 배척했고, 아무 실적이나 성과도 없는 자기 고향이나 학교 후배들에게 혜택이 가도록 했다. 그는 내게는 너무 먼 사람이었다. 지금 생각해도 그렇게까지 해야만 했는지 이해할 수가 없다. 반면 그는 내가 이 직장에서 살아남을 수 있는 유일한 길은 실력뿐이란 걸 깨닫게 해 줬기에 고마운 사람이기도 하다. 나는 이런 학연, 지연의 문제점을 알기에 보직을 맡아서는 학교와 지역을 차별하지 않고, 열심히 일하는 직원들에게 포상과 격려가 돌아가도록 각별히 신경썼다.

내 실장은 비록 고집이 세고 퉁명스러웠지만, 다행히 내 업무능력과 성실성을 인정해 줬기에 늘 고맙게 생각하고 있다. 내 실장은 부서원들에게 강압적으로 대하기도 했지만 나쁜 사람은 아니었다. 그러나 대형 사업을 맡으면서 많은 문제를 일으켰다. 그는 결국 우여곡절 끝에 보직에서 해임되고 쓸쓸한 말년을 보내다 퇴직했다. 그가 이뤄 놓은 많은 일들은 훈장을 받기에도 충분할 정도인데, 그의 욕심과 불통, 사람을 잘못 씀으로 인해 빛을 잃은 것은 너무 안타까운 일이다.

그는 기술적인 문제에 대해 각자 생각을 마음껏 말하라고 하셨지만 내 선임자들은 실장에게 제대로 말을 못 했다. 실장이 고집이 세고 본인 생각과 다르면 욱하고 화를 냈기 때문이다. 그러나 나는 이런 실장에게도 할 말을 했다. 기술적인 문제점이나 더 나은 안을 알면서도 말하지 않는 것은 무책임한 일이기 때문이다. 이런 성격 때문에 나는 늘 많은 일을 떠안았고 너무 많은 일에 대한 중압감으로 한동안 불면증에도 시달리며 힘들었지만, 결과적으로 내가 많은 경험을 쌓는 계기가 되었다.

나는 학부만 마치고 연구원에 들어왔기에 직장에 다니며 석박사 학위를 취득했다. 직장에서 돈도 벌고 공부도 하니까 좋을 것 같지만, 두 가지를 함께 하는 것은 쉽지 않았다. 내게 주어진 일이 줄어든 것도 없고 소홀히 할 수도 없기 때문이다. 특히 한참 보살펴 줘야 하는 어린 자식들을 아내에게만 맡기고 공부하는 게 아내와 자식들에게 너무나 미안하고 고통스러웠다. 이런 미안함 때문에 지체하지 않고 죽기 살기로 공부해서 학위를 마친 것 같다.

나는 2000년에 기존의 부서에서 벗어나 신생 과제로 옮겼다. 13년을 지속돼 온 부서 업무의 편중이 해소되지 않기에 내가 나오는 길밖에는 달리 해결 방안이 없었다. 13년간 열심히 일했던 분야의 모든 걸 내려놓는 게 쉬운 결정은 아니었고, 새로운 분야에서의 일은 더 많은 것을 공부해야만 했지만 내게는 삶의 큰 전환점이 되었다. 특히 이때 만난 정원명 선생님은 선임자로서의 모범 그 자체였다.

내가 존경하고, 나를 존중해 주는 선배 직원과의 직장생활은 그야말로 신세계였다. 이렇게 새로운 일과 함께 제2의 직장생활을 시작했다. 이상적인 선임자와 함께 일한다는 것은 힘든 일도 힘들지 않게 느껴지게 했다. 또한 스마트한 신입 직원인

Simpson 박사, 정원명 선생님, 이효직 박사와 함께

이효직 박사와 함께 일하고, 미국 아이다호 국립연구소(Idaho National Laboratory: INL)의 Simpson 박사(현 유타대 교수)와 만난 것도 큰 행운이었다. 이때가 내 직장생활의 가장 행복했던 순간으로 기억된다.

2006년 10월 23일 나는 미국 아이다호연구소에서 개최된 한미 선진 핵연료주기 R&D 포럼에 참석했다. 사용후핵연료와 관련된 양국의 주요 연구개발 과제를 논의하기 위한 것이

한미 핵연료주기 포럼 2006. 10. 23.

었다. 나는 이때에서야 우리의 사용후핵연료를 이용한 모든 연구가 미국 국무부(DOS)의 승인을 받아야 함을 알게 되었다. 또한, 이 중요한 회의

에 우리 경영진과의 갈등으로 과기부에서는 아무도 오지 않았다는 사실에 나는 이 문제를 적극 풀어내야겠다고 큰 결심을 하게 되었다.

당시는 노동조합이 급여제도를 엉망으로 만들고, 많은 조합원이 문제를 제기해도 모른 체하는 상황이었다. 내가 비록 대의원 의장을 했었지만 노조 집행부를 맡는 것은 다른 일이다. 이런 상황을 모른 체하고 기관과 정부 부처 간 협력도 안 되는 상황을 가만히 보고만 있을 수 없었지만 열심히 연구만 하던 내가 노조에 나가는 일은 쉬운 결정은 아니었다.

결국 나는 고민 끝에 지부장에 출마했고, 4년간 노조 일을 했다. 나는 노조 지부장을 하면서도 반전임으로 일했고, 과제에 참여해 연구도 함께 하였다. 노조업무는 일시적으로 일이 많을 때도 있지만 효율적으로 일하면 반전임만 해도 시간이 충분했기 때문이다.

노조 일을 하면서 보람된 일은 조합원들과 직접, 공개적으로 소통하고, 여러 현안을 풀어낸 것이다. 특히 특정한 무리의 노조가 아닌 우리 모두의 노조를 구현한 것이다. 또한 당시 기관장이셨던 양명승 원장님과 항상 허심탄회하게 사안을 논의하면서 많은 좋은 성과를 냈었던 점이다.

양명승 원장님은 열정적으로 일하셨고 인간적인 면도 참 좋은 분이다. 과로를 못 이겨 링거를 맞으시면서도 일하시는 기관장을 협상 상대로 함께 일하게 된 것은 내게는 큰 복이었다. 나와 함께 좋은 아이디어를 많이 만들어 내고, 함께 성과를 만들어 낸 집행부원에게도 늘 감사하게 생각하며 지내고 있다.

노소 일을 하면서 특별히 보람된 일이 많았다. 첫째는 지원들이 불만으로 아우성치던 급여제도 문제를 완벽히 해결한 것이다. 나와 함께 일한 정종엽 박사의 철저한 분석 덕분이었다. 노사 합동 TFT를 구성하여 많은 제도를 개선하였다. 둘째는 당시 관계가 상당히 나빴던 과기부 원자력국과 우리 경영진과의 관계 개선을 주도하고, 협력을 강화했다. 셋째는 노조의 운영체계를 투명하고 공개적으로 바꾸고, 복지를 강화한 것이다.

마땅한 휴게공간이 없던 매점에 카페 공간을 만들어 직원들에게 휴식공간을 만든 것은 나 스스로 보람을 느끼는 일이다. 일부 대의원들이 그렇게 반대했던 카페가 이제 수요가 늘어 두 곳이나 된다. 식당에 직원들이 원하는 라면을 제공하는 분식코너도 만들었다. 많은 반대 속에 유연출퇴근 시간제를 도입했는데, 지금은 더 폭 넓은 유연시간 근무제를 하고 있다. 당시에는 고정관념에 얽매여 변화를 막는 많은 사람들의 반대로 힘들었지만, 유연성과 다양성의 시대를 막을 수는 없는 것이다.

노조 일을 하면서 유연성을 확대하며, 변화를 이끌고, 문제들을 해결한 것은 큰 기쁨이었다. 어떤 분야든 더 좋은 솔루션을 만들어 내는 게 연구원의 보람이기에 노조에서 보낸 시간에 대해 후회는 없다. 노조 부분은 따로 언급할 예정이다.

나의 노조 임기 후반에 기관장을 하신 정연호 원장님께도 늘 감사하는 마음이다. 노조 지부장을 했던 나의 업무능력과 노력을 인정해 주시고, 나를 본부장급 간부들에게나 보내 주는 서울대 최고산업전략과정(AIP)에 보내 주셨다. AIP 과정은 내게 민간 CEO들을 만나 그들의 창의적이고 도전적인 생각들을 듣는 기회를 주었고, 많은 발상의 전환을 갖게 하였다.

나는 노조 일을 마치고 1년 만에 과제책임자를 맡았다. 전임자가 나보다 7살 많고, 내 다음은 11살 아래 직원뿐이었기에 내가 안 맡을 수가 없었고, 내가 노조 지부장에 나가기 전에 과제책임자로 내정된 상태로 기획했던 과제라 이상할 건 없었다. 그러나 내가 노조 지부장 출신이다 보니 상급자들이 불편하게 느끼는 것 같아 더더욱 조심스럽게 행동하게 되었다.

2014년에 기관장이 되신 김종경 원장님은 내겐 각별한 분이다. 대학교수를 하시다가 기관장으로 오셨는데, 이해력과 판단력이 남달리 빠르셨다. 게다가 부드러움과 자상함에 섬세함까지 갖추신 분이다. 노조 지부장을 했던 나를 경영 간부로 전격 발탁하셔서 내게 보직자로서의 길을 가게 해 주셨다. 노조 지부장을 했던 사람이 부장이 된 예도 없는데, 소장까지 하게 된 일은 65년 넘은 원자력연구원 역사에 "최초"의 일인데, 김 원장님이 이 일을 가능하게 하신 것이다.

나는 국방대 2015년 안보과정을 이수했는데, 안보과정이 끝날 무렵인 2015년 11월 하순에 나는 김종경 원장님을 찾아뵈었다. 나와 친하게 지내던 후세인 이지트 이슬람 문화원장이 터키와의 원자력 협력을 도와주겠다고 했기 때문이었다. 나는 이때 정부의 임금커브제 추진으로 인해 노사가 심한 긴장 상태에 있고, 원장님이 큰 압력을 받고 있다는 것을 알게 되었다.

직원들의 급여 삭감에 대해 노조의 동의를 구하기는 쉽지 않은 일이기에 나는 원장님께 직원들에게 급여가 조금이라도 보상이 될 수 있는 정년 관련 개선안을 제안했다. 원장님은 나의 제안을 받아들여 바로 문제를 해결하시고, 위기에서 벗어나셨다. 김 원장님의 부드러우면서도 빠른 판단력과 실행력은 내가 보아온 원장들 가운데 최고라고 생각한다.

나는 노조 지부장 이력으로 인해 많은 불편과 편견을 견뎌 내야 했는데, 그럼에도 김 원장님은 나를 부장으로 임명하셨다. 내가 노조 지부장 출신이라 부담이 크셨을 텐데, 나는 탈원전 정부의 가장 어려운 시기에 가장 힘든 일을 해냄으로써 김 원장님의 선택이 옳았다는 것을 증명했다.

탈원전 정부에서 가장 핵심적 타깃이었던 사용후핵연료 처리기술인 파이로프로세싱(pyroprocessing, 이하 '파이로') 개발 담당 부서장으로서, 전액 삭감될 뻔했던 수백억의 예산을 살려냈다. 이런 어려운 시기에 보직을 맡는다는 것은 정말 고통스러운 일이었다. 예산을 다 삭감하려는 국회의원들을 설득하는 일은 쉬운 일이 아니었다. 2017년 5월 결국 국회를 다니던 중 갑작스럽게 돌발성 난청이 생겨서 큰 고생을 하였다.

난청의 고통에도 불구하고 나는 예산을 살리는 데 앞장섰다. 한미 양국이 합의한 10년 간의 한미 핵연료주기 공동연구(Joint Fuel Cycle Study)를 그만두게 할 수는 없었기 때문이다. 의사는 휴직을 권했고, 가족 모두 보직을 그만두라고 했다. 그렇지만 국가적으로

한미 핵연료주기공동연구(JFCS) 관계자들과

중요한 연구를 중단시키도록 포기할 수는 없었다. 나를 믿고, 일을 맡기신 원장님과 문제해결을 기다리는 직원들 때문에도 포기할 수 없었다.

결국 예산을 확보하였다. 지금 생각해도 미친 짓이었지만 의미 있는 일이었고, 지금도 후회하지 않는다. 이는 당시 함께 열심히 뛰셨던 박원석 단장님이 나중에 기관장이 되신 후 나를 소장으로 발탁하는 결정적 계기가 되었다.

나는 천신만고 끝에 2018년 예산확보에 성공한 후 부장직을 그만뒀다. 나는 파이로와 핵비확산 분야 전문가인 미국 유타대 Simpson 교수에게 연가를 가려고 했는데, 상사의 반대로 가지 못하고 있었다. 2018년 여

름 고참급 직원을 보내라는 지침 때문에 갑자기 미국으로 파견을 가게 되었다. 당시 미국과 진행 중이던 공동 연구기관인 아이다호 국립연구소(INL)에서 1년을 일하게 된 것이다.

당시에 반 원자력계에서 우리 연구를 반대하는 가장 큰 이유가 실제 실험을 안 했기에 못 믿겠다는 것이었다. 사실 미국의 사정으로 실험이 지연되었는데, 그것을 우리 연구원이 국회를 속인다고 매도당하고 있었다. 나는 미국 현지 연구소에서 직접 실험을 참관하고 왔고, 이 연구의 적정성 검토를 성공적으로 완수하였다. 당시 힘든 상황에서도 나를 믿어 준 현재 원자력안전위원장이 된 최원호 국장에게 매우 고맙게 생각하고 있다.

2019년 10월 미국에서 귀국 후 두 달 만에 나는 핵연료주기 분야 최고 연구책임자인 소장직을 맡았다. 박원석 원장님은 나를 두 가지 이유로 발탁했다고 하셨다. 첫째는 내가 노조 지부장을 할 때 언행을 좋게 보았고, 둘째는 내가 국회에서 예산확보를 위해 적극적으로 뛰던 모습을 좋게 봤다고 한다. 노조 때 일을 좋게 보셨다고 하니, 노조 일을 했다는 이유로 많은 불이익이 있었으나 결과적으로는 전화위복이 된 것 같다.

나는 미국 현지에 있던 2019년 4월 박 원장님으로부터 소장직을 제안받았지만 거듭 사양했다. 출국 전 과기부 최원호 국장에게 미국 현지에서 실험 결과를 직접 보고 올 테니 파이로를 도와달라고 했기에 아무리 좋은 보직이라 해도 약속을 어길 수는 없었기 때문이다. 그래서 귀국 후 일찍 보직을 맡을 걸 예상하지 못했는데 생각지도 못한 일로 맡게 되었다. 박 원장님은 내게 수십억의 예산이 드는 사용후핵연료의 복원 문제를 외화를 낭비하지 않고 해결할 것을 요청하셨다.

나는 고리 원전에서 일한 경험을 생각하며 아이디어를 냈고, 직접 해결할 수 있다고 보고했다. 그러나 담당 부서장과 관련 연구원들은 외국에 맡겨야 한다며 자체 해결을 강하게 반대했다. 다들 사용후핵연료를 복원하는 걸 너무 큰 부담을 갖고 스스로 해결할 엄두도 못 냈기 때문이다. 그러나 박 원장님은 앵커볼트(anchor bolt) 하나를 갖고 복원 방법을 설명한 나를 믿고 일을 맡기셨다. 사실 내 아이디어는 임플란트같이 일상에서 흔히 볼 수 있는 앵커볼트의 원리를 응용한 간단한 것이었다. 나는 한 젊은 연구원에게 내 아이디어를 설명하고, 모든 책임은 내가 질 테니 함께 해 보자고 설득했다.

나는 이 연구원과 함께 장치를 개발해 문제를 성공적으로 해결했고 특허도 등록했다. 외국 업체에서 33억 원을 요구한 것을 2억 원에 해결하여 예산을 크게 절감했다. 비용이 적게 들면서도 간단하고 완벽한 방법으로 해결한 것이다. 연구원이란 직업은 문제를 해결하고, 더 좋은 해법을 찾는 일이다. 이를 두려워한다면 연구원이 아닌 일반 직장인일 뿐이다. 젊은 연구원을 설득해 함께 문제를 해결하며 자신감을 심어 준 것은 큰 보람을 갖는 일이다.

나는 2019년 10월부터 2022년 12월 말까지 3년 3개월간 소장직을 맡아 2개의 대형 과제의 예비타당성조사를 통과시켰고, 2년 연속 특별상을 받았다. 기관 내 5개의 연구소 가운데 성과 우수 연구소로 선정되어 받은 상이라 개인상보다 더욱 기분이 좋았다. 나와 함께 일한 팀의 팀플레이의 결과였기 때문이다.

원자력계의 많은 대외협력도 이끌어 냈다. 부서장들과 함께 늘 즐겁게 일하며, 더 좋은 안을 만들어 낼 수 있게 시야를 넓히고 유연성을 갖도록 당부했다. 나를 소장으로 발탁하신 기관장의 판단이 틀리지 않았다는 것을 증명하며, 일로써 보답했다는 건 기쁜 일이다.

사용후핵연료와 고준위방사성폐기물 관련 특별법 제정에 앞장서서 일했던 것도 큰 기쁨이다. 소장에서 물러난 후, 아쉽게도 내가 주도적으로 노력한 법안이 발효되지 않고 다른 법안이 통과되었다. 그렇지만 함께 의견을 나눴던 많은 원자력계 교수들과 관계자들께도 늘 감사하는 마음이다. 한편 편협하게 자기 분야, 기관의 이기주의에서 벗어나지 못하는 사람들도 많았다. 자신이 관계된 분야의 이익에만 집착하는 것은 이해하지만 그 작은 욕심이 국가의 미래를 망친다는 것을 알았으면 좋겠다. 그렇지만 그런 사람들도 잘 설득해서 올바른 방향으로 나가도록 하는 것도 중요하다.

비록 노조 일은 힘들었지만 직장 내 현안들을 직접 해결한 것은 보람이 있었다. 존경하는 양명승, 김종경 원장님과 같은 리더십 있는 기관장과 대화를 많이 할 수 있었던 것도 즐거운 추억이다. 그간 노조 지부장을 지냈던 사람들 중에 기관장과의 관계가 좋은 경우가 거의 없는데 나는 감사하게도 노조 지부장이 끝나고도 오히려 더 편하게 만나 뵙고 있다.

나는 노조 지부장뿐만 아니라 경영 간부로서도 성과를 내며 리더십을 증명하였다. 아무리 좋은 생각을 갖고 있어도 성과로서 증명하지 못하면 의미가 없는데 중요한 현안들을 좋은 성과로써 입증하게 된 것은 정말 감사한 일이다. 내게 능력을 발휘할 기회를 주신 김종경, 박원석 원장님뿐만 아니라 나를 믿고 함께 노력해 준 부서장들에게도 늘 감사하는 마음이다.

어려운 시기에 책임질 일도 많은 보직을 맡아 개인적으로는 부담도 컸고 힘든 일도 많았다. 그러나 직원들의 신뢰를 받으며 예산확보를 비롯해 현장의 문제해결 등 보직자로서의 역량을 발휘한 것은 내게도 기쁜 일이다. 또한 다양한 대외 활동을 통해 많은 사람들에게 중요 현안에 대한 비전과 해법을 제시하고 협업한 것에 큰 보람을 느끼고 있다.

특히 산업체 최대 관련기관인 한국수력원자력(KHNP)의 정재훈사장님, 최득기 처장과 함께 기관 간의 장벽을 넘은 적극적인 협력을 만들어 낸 것은 큰 보람이다. 나는 많은 CEO를 만나 봤는데 정 사장님은 가장 격의 없고 판단력과 결단력이 높은 분이라 생각된다.

2020 원자력연차대회에서의 발표

한수원(KHNP) 정재훈 사장님과 함께

박원석 원장님과 함께 3년간 최고 연구책임자인 소장으로 일하면서 연구분야의 현안을 해결한 일은 멋진 추억이 될 것이다. 박 원장님은 아주 소탈한 분으로 순수한 마음과 열정으로 헌신했음에도 불구하고 노조의 거짓말과 선동으로 독재자 같은 엉뚱한 이미지를 덮어쓴 것이 가장 안타까운 일이다. 그 어떤 기관장보다도 편하고, 자유롭게 토론하며 기관을 이끈 리더십이 제대로 알려지지 못하게 한 게 너무나도 안타깝다.

나는 지금 정년 연장이 된 상태로 2년 정도의 근무 기간이 남았다. 내가 해야 할 일은 핵주기 분야의 난관을 극복할 길을 찾는 것과 후배들이 잘 일할 수 있는 여건을 만들어 주는 것이다. 크게는 원자력계의 현안을 해결하는 데 일조하는 것이 내게 남겨진 일이라 생각한다. 많은 갈등과 편견과 오해를 이겨 내야만 하는 원자력계는 각별한 노력과 더욱 스마트한 솔루션이 필요하다.

7
아버지

아버지는 내 삶의 기둥이다. 아버지께서는 말씀이 별로 없으셨지만 자상하고 성실한 분이셨는데 1986년 9월 29일, 53세의 젊은 나이에 갑자기 돌아가셨다. 나는 5남매 중 첫째이기에 자식들 가운데 아버지를 가장 많이 보았고, 아버지와 가장 많이 이야기를 나눴다. 아버지께서 한창 나이에 너무 갑자기 돌아가셨기에 39년이 넘은 지금도 아버지에 대한 그리움이 너무나도 크고 아쉬움이 가득하다.

아버지가 내게 하신 말씀 가운데 가장 큰 두 가지가 늘 가슴에 남아 있다. "나는 네가 잘하리라 믿는다"는 것과 "너는 농사일 도와주려 애쓰지 말고, 공부해서 나라를 위해 큰일을 해라"는 것이었다. 아버지께선 일손이 바쁠 때를 제외하고는 내가 농사일을 도와드리는 것을 원치 않으셨다. 농사일을 돕는 것보다는 공부하라시며 나를 집으로 돌려보내시기 일쑤였다. 그러나 나는 뙤약볕에서 일하시는 부모님을 두고 집에 들어와 공부하는 게 마음이 편치 않았다.

나는 가끔 아버지와 시내 목욕탕에 함께 갔는데 아버지께서는 목욕탕에서 늘 내 등을 밀어주시면서 "뭐 힘든 거 없니?" 하고 물으시면서, 내가 잘하리라고 믿는다고 말씀하셨다. 아버지의 편안한 목소리에서 늘 사랑과 신뢰가 가득함을 느꼈다.

아버지는 집안일은 내가 알아서 하라고 하셨다. 나는 학교에서 돌아오면 물을 길어다 물독을 채워 놓는 것부터 시작했다. 돼지죽과 닭 모이를 주는 일도 매일 해야 하는 일이었다. 장작을 패서 땔감을 준비하고, 할머니 방에 불 때기 등 집안일을 하고, 동생들을 돌보는 일도 내 몫이었다. 그런데 아버지께서는 단 한 번도 내게 무엇을 해 놓으라고 말씀하지 않으시고 알아서 하도록 맡기셨다.

만일 아버지께서 이것저것을 하라고 말씀하셨다면 나는 말씀하신 일만 하고 나머지는 신경을 안 썼을 것이다. 나는 스스로 무엇을 해야 할지를 생각하면서 일하게 되었고, 스스로 내 일이라 생각하며 일했다. 아버지께서는 자상하시면서도 내가 잘못 했을 때는 불러 세워 종아리를 때리셨다. 나는 매를 맞으면서 불만은커녕 오히려 아버지께 실망을 드려 죄송하다는 생각이 들었다.

대학 1학년 때 집안 형편이 나아져 아버지, 어머니와 함께 이사할 집을 보러 갔었다. 아버지께서는 내가 자세히 살펴보고 사도 될지 안 될지를 결정하라며, 사실상 판단을 내게 맡기셨다. 순간 당황스럽기도 했지만 내가 판단할 수 있는 모든 걸 살펴보았다. 결국 나의 결정으로 그 집을 사서 이사하게 되었다.

돌이켜 생각하면 아버지께선 정말 큰 판단을 내게 맡기신 것이다. 내가 나이 스무 살의 자식에게 집을 살지 판단을 맡길 수 있을까를 생각하면, 쉬운 결단이 아니기 때문이다. 어쩌면 아버지께서는 돌아가시기 전에 나를 이렇게 훈련시키셨기 때문에 지금까지 내가 이 모든 걸 해 나갈 수 있게 된 것 같다.

나도 이런 기억 때문에 10년 전에 아파트를 살 때 이를 실천한 적이 있다. 내가 아내와 함께 이미 살펴보고 나서 사겠다고 마음속으로 정한 곳이 있으면서도 아들과 함께 다시 집들을 보았다. 비록 아내의 선택과는 달랐지만 아들이 좋다고 말한 집을 샀다.

아파트의 구조나 생활의 편의성 면에서는 아내가 선택한 곳이 나았지만, 아들은 교통의 편리성과 주변의 편의 시설에 중점을 두고 보았기 때문이다. 비록 아내에겐 미안했지만 나는 아버지께 배운 대로 아들의 의견을 들어준 것이다.

내가 중학생 때의 일이다. 농한기인 겨울에 아버지께선 늘 아침 일찍 나가 하루 종일 집을 비우셨다가 저녁에 오셨는데, 나는 어디를 갔다 오시는지 몰랐다. 그러던 어느 날 아버지 어깨를 주무르다가 주먹만 한 혹이 만져져 깜짝 놀랐다. 알고 보니 인천항에서 배에서 짐을 내리는 노동일을 하셔서 그렇게 큰 굳은살이 생긴 것이었다.

아버지가 우리 농사만으로는 생계가 어려워서 이웃의 농사일은 물론 주변의 허드렛일도 마다하지 않으셨지만, 이런 중노동을 하고 오시는 줄은 몰랐었다. 당시엔 어머니만 시장에 나가서 채소, 생선, 과일 등을 파시느라 고생하시는 줄 알았는데, 아버지께서도 말없이 고생하신 것이다.

아버지는 너무 힘들게 고생만 하시다 53세의 젊은 나이에 돌아가셨기에 늘 가슴이 먹먹하다. 아버지가 돌아가시기 전에 슬하 5남매 중 나를 비롯해 자식이 셋이나 대학에 입학했는데 단 한 명의 졸업식도 못 보고 돌아가셨다. 아들 둘이 모두 박사를 했어도, 손자들이 약사와 의사가 되었어도 보여드리지 못하는 아쉬움은 너무나 크다. 월급을 받아서 용돈을 드려 본 적도 없는 아쉬움도 말로 다할 수 없다.

나는 종교는 없지만 사후세계나 내세관을 믿는 사람이다. 아버지께서는 뇌출혈로 갑작스럽게 돌아가셨다. 아버지께서 돌아가신 이후 계속 꿈을 꿨는데, 열흘째 되는 날 참으로 신기한 꿈을 꿨다. 아버지께서 비스듬한 언덕 위의 평상에 너무나도 편안하게 누워서 주무시다가 나의 울음 때문에 깨셔서 "나는 여기서 이렇게 편안하게 있다. 모든 게 다 잘 될 테니 걱정하지 마라"고 말씀하셨다. 아버지 말씀이나 모습이 워낙 편안하셔서, 나는 "네"라고 답하고, 편히 쉬시도록 더 이상 말씀을 드리질 못했다. 꿈에서 본 아버지가 계신 위치가 너무 좋았는데, 생각해 보니 그게 아버지의 묫자리였다. 이날 이후 나는 아무리 아버지가 보고 싶어도 아버지 꿈을 꿀 수가 없고, 단 한 번도 꿈에 나타나지 않으셨다. 그렇지만 나는 아버지가 늘 나를 지켜보고 함께하신다는 생각으로 지내고 있다.

모든 아버지가 그렇겠지만, 나의 아버지께서는 가족을 위해 고생만 하시다 가셨고, 내가 잘 성장하여 좋은 사람이 되길 바라셨다. 그 때문인지 나는 가족을 위해 일하는 것이 기쁘고 즐겁다. 한편, 여행이나 취미같이 즐기는 일에는 시간을 편히 쓰지 못하는 편인데, 고생만 하시다가 돌아가신 아버지 생각에 마음이 편하지 않기 때문이다. 그러나 이제는 나대로의 과제를 잘 마치고 나서 여유롭고 마음 편하게 즐겁게 지내도록 하여 자식들이 나로 인해 미안한 마음을 갖지 않도록 할 생각이다.

8
어머니

 어머니는 내 삶에서 많은 일을 함께했고 큰 영향을 주셨다. 비록 시골인 충남 당진에서 태어나신 평범한 여인이었지만, 예리한 판단력과 강한 인내심과 의지를 가진 분이다. 부잣집 며느리로 시집와서 집안의 온갖 풍파와 가난도 겪었다. 아버지가 돌아가신 후 고생 끝에 자식들 잘 키우시고 노년에는 여유롭고 곱게 사셨다.
 내가 어린 시절이었던 할아버지가 살아 계셨을 적의 젊은 어머니는 전혀 기억에 없다. 내게 기억나는 가장 젊은 모습은 할아버지가 돌아가신 이후 변두리로 이사 와 농사 일을 하느라 얼굴에는 온통 검게 기미가 끼고 고생에 찌든 모습이다. 수십 년이 지났어도 까맣게 기미가 낀 얼굴로 힘들게 일하시던 어머니 모습이 눈에 선하다.
 어머니는 농사일이 없으면 시장에 나가서 채소, 생선 등을 파셨다. 당시 집에서 시장까지는 약 4km 정도의 거리였는데, 무거운 대야를 머리에 이고 걸어서 시장에 가시는 모습이 늘 안쓰러웠다. 나는 어머니를 도와드리려고 자전거를 배웠다. 이때부터는 어머니가 시장에 내다 팔 채소를 자전거로 실어 날랐다. 시장에서 남의 가게 앞에 겨우 자리를 얻어, 채소나 생선을 팔던 모습을 잊을 수가 없다.

어머니는 아버지가 고생하시는 게 안쓰러워 나보고 논밭에 나가서 아버지를 도와드리라 했다. 그러나 아버지는 내게 집에 들어가서 공부나 하라고 나를 들여보내셔서, 나는 아버지와 어머니 사이에서 당황스러울 때가 많았다. 어머니는 단 한 번도 내게 공부하라고 야단친 적은 없지만, 그 대신 내게 일을 안 한다고 야단을 쳤을 뿐이다.

어머니는 칭찬에 정말 인색하셨다. 아니 칭찬할 줄 몰랐다는 편이 맞을 것이다. 나는 아무리 잘해도 잘했다는 칭찬 한 번 듣지 못했다. 심지어는 전교 1등을 해도 그저 수고했다는 말이 전부였다. 내가 중년이 되어서야 어머니는 칭찬하면 자식들이 교만해질까 일부러 칭찬을 안 했고, 어머니의 눈높이가 매우 높아서 웬만한 것은 칭찬할 일로 생각하신 게 아니었다는 것을 알았다.

어머니는 할머니의 시집살이로 꽤 고생하셨다. 맏며느리도 아닌 셋째 며느리로 시집와서 할머니가 82세에 돌아가실 때까지 22년을 할머니를 모셨다. 할머니가 무척 까다로우셔서 집안에서 부당한 일을 당해도 그저 묵묵하게 참으면서 살았다. 자식인 내가 봐도 부당하고 화가 날 일인데도 불평하시는 것을 못 봤다.

할아버지가 돌아가신 후 할머니는 큰아들 때문에 사시던 집에서 쫓겨나면서 화병으로 쓰러지셨다. 7년을 넘게 못 일어나시고 누워 계셔서 어머니가 대소변을 다 받아 내셔야 했다. 제대로 못 움직여서 욕창이 난 할머니를 주기적으로 돌려 눕히며 씻겨 주셨다. 다행히 할머니는 나중에 회복하시어 집안을 걸어 다니게 되셨다.

할머니는 첫째 아들과 인연을 끊은 상태였는데, 그게 첫째 며느리의 탓이라 생각하셔서 모든 며느리에 대한 불신이 워낙 컸다. 그래서 어머니가 아무리 잘 해 드려도 단 한 번도 수고한다고 말씀하신 적이 없었다. 할머니는 그렇게 돌아가시기 전까지 22년을 어머니의 수발을 받으셨음에도 늘 의심만 하셨다. 그러던 할머니가 1982년 임종하시며 어머니의 손을 잡고 "고생했다"는 말씀을 끝으로 편안하게 눈을 감으셨다. 어머니께서는 할머니의 이 마지막 말씀으로 마음속의 모든 응어리가 다 풀렸다고 하셨다.

고생만 하셨던 어머니는 1982년 할머니가 돌아가신 후 1986년 아버지가 돌아가시기 전까지 4년간 가장 행복한 날을 보내셨다. 그러나 이런 행복도 잠시였고 아버지의 갑작스런 죽음으로 48살의 젊은 나이에 홀로 되셨다. 어머니는 비록 아버지 없이 홀로 사시며 힘드셨지만 부모로서 할 일은 모두 다하셨다.

비록 서울대는 아니지만 자식 다섯이 모두 서울에 있는 대학을 졸업했고, 아들 둘을 다 박사로 키워 냈다. 자식들과도 국내외 여행도 많이 다니시면서 즐겁게 지내셨다. 사실 혼자가 되시니 누군가 모시고 다니지 않으면 여행하기가 어려운데 자식들이 모시고 여행을 다녀온다는 것 자체로 행복하셨다는 생각이다.

어머니는 자식 사랑이 강했다. 아버지의 빈자리가 자식들에 대한 집착을 강하게 한 것 같다. 그러나 며느리와 사위를 아끼고 포용하는 데는 너무 부족하셨다. 내가 몇 차례나 말씀드렸지만 알겠다고 하시고도 바꾸지 못하셨다. 나야 자식이니까 이해하지만 며느리와 사위들에게 사랑을 베풀지 못하고 돌아가신 게 너무나 아쉽다. 그나마 돌아가시기 전에 아내에게 고맙고, 미안하다고 말씀해서서 맘고생이 많았던 아내도 마음이 풀린 것 같다.

어머니께서는 노년에 경제력을 갖게 되시며 자식들뿐만 아니라 손주들 용돈까지 챙겨 주셨다. 여기에는 내 역할이 컸지만 함께 최선을 다한 아내의 역할도 컸다. 이렇듯 어머니께서는 남편이 없는 걸 빼고는 더 이상 부러울 게 없이 젊은 날의 고생에 대한 위로를 받으셨다. 물론 우리가 아무리 잘해도 아버지의 빈자리를 메울 수는 없었다.

수영도 잘하시고, 건강하셨던 어머니는 2020년 6월, 다발골수종이란 혈액암으로 큰 고생을 하셨다. 젊어서 실컷 고생했는데 다시 말년에 수술과 항암, 재활로 고생하셨다. 갑작스럽게 하반신 마비가 왔지만 다행히 명의를 만나 척추 수술도 잘 됐고 암도 잘 이겨 내셨다. 재활도 열심히 하셨고, 자식들이 지극정성으로 돌봐 드린 덕에 어렵게나마 자력으로 조금씩 걷기까지 많이 회복되셨다.

그러나 이런 노력과 회복에도 불구하고 어머니는 안타깝게도 2022년 4월 5일 82세의 나이로 코로나 후유증으로 돌아가셨다. 내가 국회 토론회 발제로 잠시 찾아뵙지 못한 사이에 갑자기 생긴 일이다. 극적인 회복을 기대했지만 내가 대통령직 인수위원회에 현안 보고를 하는 중에 돌아가셨다. 비록 최선을 다해 효도한다고 했으나 어머니마저 임종을 지키지 못한 게 자식으로서 너무나 가슴이 아프다.

어머니는 비록 젊은 시절 고생으로 힘들었지만 돌아가시기 전에는 곱고 여유 있으신 예쁜 할머니로 사신 것에 감사한다. 어머니를 선산에 모시던 날, 화창한 날씨와 산천에 아름다운 꽃들이 흐드러지게 핀 모습에 슬픔과 함께 좋은 날 사신 게 다행이란 생각이 들어 눈물이 흘러내렸다.

9
결혼과 나의 아내

나는 1985년 여름에 아내를 처음 만나 2년 넘게 사귄 후 1987년에 결혼했다. 제대 후 3학년에 복학해서 교내 도서관에서 아내를 처음 만나게 되었다. 나의 군대 고참인 대학 선배와 함께 있는 상황에서 인사를 하여 얼굴만 알았는데, 어느 날 도서관의 내 맞은편 자리에 앉으며 얘기를 하게 되었다. 서도회 소속이라 붓글씨를 열심히 쓰는 모습에 끌려 결혼했다.

나는 자존심이 강하고 매사에 자신만만하게 살아왔지만 결혼만큼은 전혀 그렇지 않다. 다른 모두에게는 당당해도 아내에게만큼은 미안하고 아쉬운 마음이 크다. 장남인 내게 주어진 굴레와 결혼은 맞지 않았다.

내가 대학 4학년 때에 아버지께서 돌아가시고 1년 2개월 후에 결혼했다. 그때 가족들 모두가 내 결혼을 축하해 줄 만한 분위기가 아니었다. 평생 아버지만을 의지하며 살다 48세의 젊은 나이에 남편을 잃은 어머니는 슬픔만 가득했고, 동생들도 모두 아버지를 잃은 슬픔에 힘들어하고 있었다.

비록 가족들 다 힘들었겠지만 갑자기 집안의 모든 걸 책임지게 된 나도 힘들었다. 나는 슬픔을 표현할 겨를도 없이 큰 중압감에 눌려 있었다. 당연히 나는 아내에게 의지하게 되었다. 가족들은 아버지가 돌아가셨는데 나는 연애나 한다고 엉뚱한 오해를 하였다. 늘 나를 믿어 주셨던 아버지가 돌아가셔서 힘든데, 아무 준비도 없이 집안을 다 책임지게 된 나의 중압감을 알아주는 가족이 전혀 없었다.

나는 취직 후 봉급을 통장 채 어머니께 드렸다. 그 때문에 내 수중에는 교통비와 식대 외에는 돈이 없었다. 그나마 내가 받는 봉급에서는 아버지가 돌아가신 후 은행에서 대출받은 돈을 갚는데 상당 부분이 빠져나갔고 가족들 모두가 경제적 여유가 없었다.

나는 결혼을 서두를 생각도 없었지만 어차피 결혼을 약속한 사이에 굳이 결혼을 늦춘다고 좋을 게 없다고 생각했다. 나도 마음의 안정이 필요했고, 내가 생각했던 시기라 결혼을 한 것이다. 그런데 가족들은 새로운 식구의 합류를 축하해 줄 마음의 준비가 전혀 안 되어 있었다.

결혼 초기에는 적은 돈으로 생활하면서 월 2회 인천에 다녀와야 했으니 경제적으로도 너무 쪼들렸다. 뭐 하나 사기도 어려웠고 친구를 만나는 일이나 외식은 생각지도 못했다. 결국 아내가 아파트 단지에서 우유 배달을 하게 되었다.

빚을 갚고 형편이 조금 나아지며 박사학위를 위해 대학원에 다니게 되었다. 등록금과 교통비로 많은 돈이 들었고 경제적 어려움이 상당 기간 계속되었다. 아내는 쪼들린 생활을 하면서도 단 한 번도 금전적 문제로 불평하지 않았다. 너무나도 미안하고도 고마운 일이다.

나는 어려운 상황에서 결혼한 게 아내에게 미안하면서도, 나 자신에게는 화가 난다. 모든 게 내가 만든 상황이라 누구를 원망할 수도 없는 일이기 때문이다. 조금 더 좋은 환경을 갖춘 후 결혼했어야 했는데 나의 잘못된 판단으로 아내까지 힘들게 만들었기 때문이다. 비록 아내는 내게 화라도 낼 수 있지만 나는 누구에게 화를 낼 수도 없었다. 가족 중에 내 마음의 답답함이 얼마나 큰지 아는 사람이 없었다. 나를 위로해 주는 사람이 단 한 명도 없다는 것은 나의 가장 큰 아픔이고 외로움이었다. 그래도 늘 맘속에서 나를 지켜 준 분은 나를 믿어 주신 아버지셨다.

여러 어려운 여건에도 불구하고 아이들을 잘 키워 준 아내에게 매우 고맙게 생각한다. 아내의 헌신이 없었다면 자식들의 오늘은 전혀 달랐을 것이다. 내가 수입의 상당 부분을 어머니께 드렸어도 돈에 대해서는 단 한 번도 욕심을 부리거나 불평하지 않은 점도 고맙게 생각한다.

아내는 처가 집에서 5남매 중 막내딸이지만 친정과 관련해서는 맏이 못지않게 열심이었다. 아내가 처가에서 아들로 태어났으면 훨씬 좋았을 것이란 생각을 한다. 13년을 아파서 고생하다 돌아가신 장모님을 돌보는 일에도 헌신했다. 장모님은 비록 고생은 하셨지만 딸자식은 잘 두셨다는 생각이다. 나도 장모님을 돌보는 일에 나름대로 최선을 다했기에 집사람이 이 부분에 대해선 아무런 불만이 없는 것 같다. 장모님이 돌아가신 후 아내는 장인을 돌보는 일에도 정성이다.

나는 동생들이 넷이나 있는 장남에다 아버지가 안 계신 어려운 상황에서 결혼했기에 아내에게 전념할 수 없는 조건을 가졌다. 그래서 늘 아내에게 100% 집중하거나 아내를 먼저 생각할 수 없었다. 나는 일하는 데는 열정적이고 성취감을 느끼지만 노는 즐거움을 모른다. 여유가 생기면 외식이나 여행을 가는 게 아니라 그냥 집에서 쉬거나 사우나, 찜질방 등에 가서 쉬는 것을 좋아한다. 아내는 이런 면에서 내게 서운함이 클 것이다.

요즘은 여행도 자주 가려고 하지만 아직 많이 부족하다. 어떤 목적이 있는 일이 아닌 여행만 하는 것은 아직도 나에게는 낯설다. 여행을 가서도 편안하게 즐기질 못하고 부지런히 보고 이동하는 편이다. 내가 여행을 자주 가려 하지 않으니 아내는 여행을 가면 이곳저곳 최대한 많이 가려고 하게 되는 것 같다.

아내는 옷, 보석이나 먹는 것에는 관심이 없지만 여행은 좋아한다. 아내는 여러 나라를 여행했어도 아직 가보고 싶은 곳이 너무 많은 것 같다. 나도 이제는 시간을 내어 여러 곳을 편히 여행하며 마음의 여유를 갖고 휴식도 하려고 한다.

늘 어머니와 동생들을 보살펴 줘야 했기에 마음 편히 가정에 집중하지 못하는 나와 살아가느라 고생이 많았다는 것을 알기에 미안한 마음이 크다. 이제는 아이들도 다 결혼했으니 편하게 지낼 만도 하다. 그러나 요즘은 홀로 계신 90대 장인을 찾아뵙고 돌보는 일과 손주를 키우는 자녀를 돕는 일로 또다시 바쁘게 살아가고 있다.

10
장인, 장모님

나는 장모님을 생각할 때마다 늘 안쓰럽다는 생각이 가장 먼저 든다. 고운 외모와 착한 마음씨로 열심히 사셨음에도 불구하고, 고생을 많이 하셨다. 장모님께서는 13년간을 암과 암 치료 후유증으로 투병하셨다. 돌아가시기 몇 달 전, 전주의 한 재활병원에 입원하셨을 때 나에게 "나는 왜 이렇게 아파야 하는지 너무 힘드네" 하시면서 힘들어하셨던 안타까운 모습이 지금도 가슴 깊이 남아 있다.

장인께서 1990년대 초 큰 사위 친구의 권유로 애경 대리점을 하였다. 안양에서 전주로 이사해서 시작한 사업은 한동안 잘 되는 것 같았으나, 어느 날 큰 부도를 맞으면서 상황이 어려워져 결국은 문을 닫았다. 직장을 그만두고 함께 사업에 동참했던 외아들인 처남도 어려워지고, 장모님께선 마음이 많이 약해지셨다.

나도 비록 40대까지는 여유가 없었지만, 집을 40평대로 이사하면서 대출한도에 여유가 있어서 내 아파트를 담보로 대출받아 처가를 이사시켜 드렸다. 깨끗한 집에서 사시다가 사업 실패로 인해 형편이 어려워 낡은 집에 사시는 장모님의 심적 고통을 잘 알고 있었기에 사위로서도 늘 마음의 부담이 있었기 때문이다. 장인께서는 자식들에게 신세 지는 걸 싫어

하셔서 이사를 반대하셨다. 나는 그럼 돈은 잠시 빌려드리는 걸로 하고 이사부터 하시자고 장인을 설득해서 간신히 동의를 얻어 냈다.

아버지께서 갑자기 돌아가셨기에 나는 어른들은 자식이 효도할 때를 기다리지 않는다는 사실을 알기 때문에 빚을 내 이사를 서두른 것이다. 비록 작은 아파트지만 장모님께서는 만족해하셨다. 조금은 깨끗하고 해가 잘 드는 집에서 사시게 한 것은 참 잘한 일이라고 생각한다. 장인께서 굳이 그 돈을 돌려주셨기에 내 역할은 이사를 앞당기게 한 것이 되었다. 만일 그냥 옛날의 그 집에서 사시다 돌아가셨다면 아마도 평생 마음속에 후회로 남았을 것이다.

장모님은 2000년에 암이 발병하여 병원 치료 후 암에서는 회복됐지만, 암 치료 후유증으로 고생하시다 돌아가셨다. 장모님은 비록 힘들게 투병하시다가 돌아가셨지만, 자식들 모두가 늘 아끼고 보살펴 드리는 가운데 사시다 돌아가셨다.

장인께서는 올해 연세가 95세인데 연세에 비해 건강이 좋으신 편이다. 마음은 있어도 표현하는 법을 모르셔서 어색함 때문에 사위가 불편하게 생각할까 봐 안방으로 들어가서 TV를 보시는 경우가 많다. 그래도 연세가 90이 넘으시면서 말씀도 따뜻하고 자상하게 해 주시며 많이 변하셨다.

장인께선 오랫동안 아프셨던 장모님 때문에 늘 자식들 관심에서 비켜 계셨기에 많이 외로우셨을 것이다. 전혀 아파보지 않으셨던 장인은 장모님의 오랜 병치레로 짜증 내실 때도 있었다. 그런데 막상 장모님이 돌아가시니 몹시 위축되신 것을 느낀다. 사업 실패로 위축되신 면도 있지만 한 번도 내색하지 않으셨다. 남에게 신세 지는 것도 싫어하시고, 여행지에서 외에는 자식들 집에서 주무시지 않아 답답하시다는 생각도 들지만,

자식들에게 불편을 끼치지 않으시려는 마음이시라 이해한다.

  요즘은 자주 방문하여 함께 외출하여 식사를 모시고 가끔 교외로도 모시고 다니는데, 연세가 드셔서 그런지 예전보다 더 반가워하신다. 나는 언제 돌아가셔도 후회되거나 아쉬움이 없도록 잘 모실 생각이다.

11
자식 이야기

　내게는 딸과 아들이 하나씩 있는데, 둘 다 결혼했고 자녀가 하나씩 있다. 딸은 약사로 제약회사에서 근무하고, 아들은 교정 전문의로 군의관 복무를 마치고 박사과정을 공부하고 있다. 넉넉하지 않은 환경에서도 자식들이 열심히 공부하고 잘 성장해 준 것을 늘 고맙게 생각한다. 모든 부모 마음이 다 그렇겠지만 나는 부족한 환경 속에서도 자식들에게는 조금 더 좋은 환경 속에서 자라게 해 주려고 노력했다.
　내가 어려운 환경에서도 좌절하지 않고 당당하게 산 것은 늘 나를 믿고 사랑해 주신 아버지 덕분이기에 내가 아버지께 받고 느낀 사랑을 자식들에게도 느끼게 해 주고 싶다는 마음으로 자식들을 키웠다. 내가 아버지를 존경하고 감사해하는 마음의 반이라도 자식들이 나를 생각해 준다면, 나는 자식들 키우는 데 성공했다고 자부할 수 있다.
　나는 자식들을 키우면서 공부를 강요하지 않았다. 아이들에게 사물의 원리를 알게 해 주고, 어떻게 특징을 파악하고 그것을 어떻게 표현할까에 대한 답을 찾는 데 필요한 것을 가르쳐 주었다. 다행스럽게도 둘 다 잘 성장하고 서울대를 졸업하여 약사, 의사가 되었으니 아이들의 노력과 성취에 감사할 뿐이다.

자식들에게는 나보다는 아내가 더 헌신적이었다. 아이들에게는 엄마가 세세한 부분을 돌봐 준 것이 큰 도움이 되었을 것이다. 나는 그저 생각을 일깨워 주고, 편안한 울타리 역할을 하려고 노력한 게 전부인 것 같다.

자식들이 부모에게 행복을 느끼게 해 준 것은 우리가 부모로서 노력한 것에 비해 훨씬 더 크다고 생각한다. 특히 웬만한 일에는 그다지 칭찬을 안 하는 부모 밑에서 자라는 게 쉽지 않았을 것이다. 비록 많은 칭찬을 안 해 줘서 서운할 수도 있지만 내가 칭찬을 잘 안 했던 이유는 그런 정도는 늘 기본으로 하리라고 생각하기 때문이다. 자신들에 대한 신뢰와 기대치가 그만큼 높다는 것 자체가 더 큰 칭찬임을 알았으면 좋겠다.

자식들이 내게 준 기쁨과 어려웠던 순간들이 너무나도 많지만 가장 마음에 남는 것 몇 가지만 쓰고자 한다. 맏이인 딸은 유치원에 들어가기 전 어렸을 때 영어를 잘하고, 훌라후프를 워낙 잘 돌렸던 게 특별히 기억에 남는다. 어린 딸에게 특별한 생각 없이 영어 비디오테이프를 틀어 줬는데 좋아하며 빠져들었다. 그로 인해 유치원 입학 전에 공부를 가르칠 생각이 없었던 내 생각을 바꾸게 되었다. 재미로 공부하는 것을 알게 해 준 것이 애들에 대한 교육의 시작이 된 것 같다.

딸은 초등학교 6학년 때 당시 공주대학교에서 처음으로 시행한 과학영재학교에 합격해서 2주에 한 번씩 주말에 수학을 배우러 공주대학교에 갔다. 주말에 딸을 태우고 대전에서 공주까지 갔다가 수업이 끝난 후 데려오던 일이 지금도 가장 행복한 순간으로 기억된다.

아들은 초등학교 4학년 때부터 과학영재학교에 다녔다. 과학고를 2년 만에 조기 졸업하여 대학에 입학했다. 늘 본인보다 나이 많은 선배들과 함께 경쟁하며 공부하면서도 잘 해낸 것에 대해 늘 고마우면서도 안쓰럽게 생각한다. 아들과 함께 각종 과학탐구대회에 나가서 로켓이나 로봇 등을 함께 만들며 경연에서 땀 흘리던 일은 내겐 매우 소중한 추억이다. 과학탐구 토론대회를 대비해서 발표와 질의응답 등 토론을 준비시키며 아들이 잘 해내는 걸 보며 큰 보람을 느꼈다.

아들에게 있어서 가장 놀란 일은 반성문 사건이다. 언젠가 아들이 잘못을 저질러서 반성문을 써 오라 했는데도 안 썼기에 내가 화를 내며 5분의 시간을 주고 써 오라고 했더니, 정말 5분 만에 논리정연한 반성문을 써 왔다. 기막히게 기승전결을 갖춰서 자신이 뭘 어떻게 잘못했고 반성한다는 내용이었다. 나는 반성문을 읽으면서 겉으로는 화를 내면서도 속으로는 이 짧은 시간에 어떻게 이렇게 쓸 수 있나 하고 놀랐었다.

아들에게는 이미 딸을 가르치며 갖게 된 교육 노하우로 인해 쉽게 가르쳐 주고 더 많은 것들을 배우게 해 줬던 것 같다. 자식에게 공부시키려 해도 본인이 받아들이지 못하면 힘든 일일 텐데 잘 소화하고 자라 줬다. 딸보다는 아들이 좀 더 좋은 여건에서 자랐는데 그것도 자신의 복인 것 같다.

아들에게는 각별히 고마운 게 있다. 어머니가 암으로 서울 성모병원에서 수술하시고, 입원 중이실 때 코로나로 인한 출입제한으로 어머니를 뵙기 어려웠다. 마침 여기서 전문의 과정을 하고 있던 아들이 바쁜 중에도 매일 할머니를 찾아뵙고 위로해 드려 암 수술과 치료, 가족들과의 격리로 육체적, 정신적으로 힘드셨던 어머니께 나를 대신해서 큰 힘이 되어 준 것이다.

아들과 딸 모두 작년과 재작년에 결혼해서 가자의 가정을 꾸렸다. 자식들이 좋은 인연과 결혼한 것이 고마우면서도, 어머니께서 3년만 더 사셨어도 손주들 결혼식을 보셨을 텐데 하는 아쉬운 마음도 크다. 예쁜 며느리와 든든한 사위를 맞은 것도 기쁜 일이지만, 존경스럽고 멋진 사돈들과 인연을 맺은 것 또한 큰 기쁨이다. 자식들 혼사를 치르면서 느낀 감사함은 내가 겪은 모든 시련과 고통을 다 없애주신 신의 축복이라 생각된다.

나는 아들 결혼식 때 기쁘면서도 아들이 부럽다는 생각이 들었다. 아버지 없이 결혼해야 했던 나의 결혼식에 비해 아버지가 든든하게 지켜 주는 결혼은 전혀 다른 것이기 때문이다. 아내가 시아버지 사랑을 못 받았기에 나는 며느리에겐 그런 일이 없도록 특별히 더욱 사랑해 주고 아껴 줄 생각이며 친부모같이 늘 편하게 느껴지도록 노력할 것이다.

치과 전문의인 아들, 약사인 딸과 함께, 사위는 통증의학과, 며느리는 재활의학 전공의로 어쩌다 보니 의료인 가족이 되었다. 딸 부부가 손녀를 낳아 내게 할아버지가 되는 기쁨을 안겨 준 데 이어 아들 부부도 손자를 낳아 손녀, 손자를 함께 보는 큰 기쁨을 주니 자식들이 너무나 대견스럽고 고마울 뿐이다.

자식들에게 바라는 게 있다면, 나와 같이 돌봐 줘야 할 책임감에서 벗어나 자신들이 꿈꾸는 삶에 전념하고, 각자가 원하는 인생을 멋지게 사는 것이다. 내가 장남으로 워낙 가족과 집안을 챙기느라 나만의 생활, 부부만의 생활을 생각할 기회가 없었던 것이 너무나 아쉬웠기 때문이다.

나는 비록 힘들게 살았어도 그것은 내 운명이기에 기꺼이 내 인생에 감사하지만 자식들에게는 그런 부담을 주고 싶지 않다. 대신 나보다도 더 멋진 인생을 살기를 바랄 뿐이다. 나는 이제 자녀들 돌보는 일은 어느 정도 마무리했다고 생각한다. 이제는 편히 은퇴하고 내가 하고 싶은 일들을 편안히 즐기며 살고자 한다. 이렇게 나를 편안하고 기쁘게 만들어 준 자식들과 며느리, 사위에게도 고마운 마음이 가득하다.

훗날, 자식들이 나에 대해서 기억할 때 아버지가 고생했다기보다는 많은 난관을 극복하고 해야 할 일들 다 해내고, 하고 싶은 일들 다 하며 자식들과의 사랑과 기쁨을 한껏 누린 가장 행복한 사람이라고 생각해 줬으면 좋겠다.

12

친구

친구란 말은 내게는 매우 소중한 의미를 갖는 단어이다. 내가 공고 출신으로 대학에 진학해 졸업 후 연구원에 들어왔기 때문에 나와 비슷한 길을 걷는 친구들이 거의 없다. 대부분 다른 분야에서 일하고 있다. 나는 동창이 바로 친구라고는 생각하지 않으며, 친구 사이에는 신의가 매우 중요하다고 생각한다. 친구에 대한 기준이 높아서인지 친구가 많지 않지만 내가 나름대로 엄격한 기준을 갖고 있음에도 친구가 있다는 것은 너무나도 감사한 일이다.

초등학교는 1학년 때 이사로 학교와 집까지 거리가 멀었고, 학교가 끝나면 바로 집에 와서 집안일을 해야 했기 때문에 누구와 어울려 놀만한 상황이 아니었기에 친구들이 거의 없다. 박찬희는 초등학교 3학년 때 짝으로, 변호사로 일하고 있다. 공부도 안 하고 마음을 닫고 살던 내게 공책을 주고 책을 함께 보자며 마음을 열어 줬다. 그 어린 나이의 작은 배려심이 내가 마음잡고 공부할 수 있게 했고 내 인생을 바꿔 준 평생 감사해하는 은인 같은 친구다. 유인석은 중학교 동창으로 전혀 다른 분야에서 일하지만, 중1 때의 우정이 지금도 변치 않고 늘 편하게 안부를 묻고 만나는 좋은 친구이다.

군대 졸병이면서 중고교 동창인 이상천은 작은 공장을 운영하며 산업 현장에서 열심히 일하고 있다. 김춘근은 건축일을 하고 있기에 가끔 집

수리 관련한 도움을 청하기도 한다. 함천주는 근막통증 치료의 대가로 이명으로 심하게 고생하고 있던 나를 많이 회복시켜 준 큰 은인이다. 그는 대단한 실력자임에도 물욕 없이 소소한 일상을 즐기는 존경스러운 친구이다. 엉터리들이 많은 이 세상에서 이런 실력자가 내 친구라는 게 나를 더욱 행복하게 한다.

고교 동창 중 사업가 이범홍과 김재한 교수는 성공적으로 자리 잡은 늘 편히 만나는 친구들이다. 성구용은 나의 가장 특별한 친구로 늘 날 우상처럼 믿고 응원하기에 나를 더욱 채찍질하게 한다. 사업가인 신승섭도 늘 날 응원해 주고 편안하게 인생을 얘기한다. 이들은 내게 늘 힘이 되어 주고 언제든 맘 편히 만나 얘기 나누는 친구들이다.

대학 동창인 조남진, 채희병은 골프도 함께하고, 캐나다에서 한의원을 하는 이상락이 오면 함께 모여 대학 1, 2학년 시절로 돌아간다. 비록 대학 학과 후배지만, 성대 부총장을 지낸 천재 최재붕 교수, 원자력안전기술원 부원장을 지낸 이진호 박사는 내가 매우 아끼는 소중한 친구이다.

이재한 박사는 직장 동료로 늘 번잡한 환경 속에서 사는 내게 늘 조용하고 편안한 쉼터와 같고 든든한 지원군이다. 이런 좋은 친구를 만났다는 것은 내가 그만큼 행복한 사람이라고 자부할 수 있게 한다.

김도곤 사장은 사업가답게 정말 아이디어가 넘치고 놀면서도 일하는 삶을 즐기는 멋진 사회 친구이다. 이 외에도 복잡한 현대 사회를 살면서 여러 사람과의 관계 속에서 살고 있기에 자주 만나는 좋은 지인들이 많다.

친구가 좋은 가장 중요한 이유는 서로가 어디에 있든, 언제 만나든 늘 일관성 있게 서로를 신뢰하고, 그냥 서로가 잘 되기를 격려하며 살아가고 있기 때문인 것 같다.

13

나의 선생님들

학창 시절에 만났던 몇 분의 선생님들이 아직도 가슴에 남아 나를 움직이고 있다. 비록 초등학교 1학년 담임선생님과 고교 때 한 선생님으로부터 큰 상처를 받기는 했지만, 그래도 비교적 많은 선생님께 사랑을 받은 것에 감사하며 살고 있다.

내가 초등학교 시절에는 촌지가 흔했다. 단 한 번의 촌지도 준 적이 없는 나를 선생님이 특별히 관심을 두고 아껴 주실 이유도 없었다. 게다가 나는 고분고분하고 상냥한 학생도 아니었다. 이런 나의 여건에 비해 나는 많은 사랑을 받은 것 같다.

사실 선생님이란 존재에 대한 나의 첫 기억은 좋지 않다. 초등학교 1학년 때 담임선생님에게 잘못한 것도 없이 모욕적으로 발바닥을 맞았기 때문이다. 그 일은 내가 선생님을 좋게 생각할 수 없게 만들었고, 그 이후 난 선생님께 호감을 받으려는 생각조차 안 했다.

당시엔 가정 형편이 어려워 문방구에서 공책을 살 형편이 안 되어 아버지가 인천항에서 일하고 얻어 오신 큰 전지를 잘라서 바둑판 모양의 공책을 직접 만들어 주셨다. 그런데 담임선생님은 공책을 검사하다 내 공책을 보고는 이게 공책이냐며 바닥에 내던지고는 나를 때렸다. 아버지가 애써서 만들어 주신 공책을 함부로 취급하고, 동급생 앞에 누워 발바닥을 맞는 게 너무나도 치욕적으로 느껴졌다.

그런데 공교롭게도 내가 발바닥을 맞을 때, 어머니가 학교에 오셨다가 교실 복도에서 이 모습을 보게 되었다. 나는 어머니께 이런 모습을 보인 게 너무 싫었고 화가 났다. 나는 부모님이 다시 한번 학교에 오시면 절대 학교에 안 가겠다고 화를 냈다. 결국 부모님은 나의 고집으로 중3 때 진학 상담으로 오신 것과 입학식, 졸업식 외에는 학교에 안 오셨다.

나는 이 사건으로 선생님에 대한 인식이 좋지 않았다. 그런데 초2 때 담임선생님을 만나면서 생각을 많이 바꾸게 되었다. 이 담임선생님은 잘하라고 격려했던 기억만 날 뿐, 누구를 야단치는 것을 못 봤다. 내가 열심히 공부하고 성적이 좋아서 공책과 연필을 부상으로 주시며 열심히 공부하라고 칭찬을 해 주셨다. 나를 차갑게 대하고 수치심을 갖게 했던 1학년 담임선생님과는 전혀 다른 모습을 보고 내 마음이 열리는 계기가 되었다. 담임선생님이 나를 아껴 주신다는 생각을 처음으로 갖게 해 주셨다. 너무나도 안타깝고 죄송스러운 일이지만, 나는 이 선생님의 이름을 기억하지 못한다.

중1 담임선생님인 최도섭 선생님은 영어를 가르치셨다. 핸섬하다는 말이 딱 어울리는 담임선생님 덕분에 영어 과목을 좋아하게 되었고, 교내 영어 암송대회에도 나가게 되었다. 대강당에서 전교생 앞에서 한 학기 교과서 전체를 외워서 발표하는 것이다. 이 경험은 내가 공고를 졸업한 핸디캡에도 불구하고 다른 사람들에 비해 영어가 뒤처지지 않는 비결인 것 같고 평생 큰 도움이 되고 있다.

중2 때 담임인 최순기 선생님은 미혼의 여선생님이셨다. 늘 수줍음이 많고 조용하셨고 내게 다정하게 대해 주셨다. 내 생활기록부에 〈좀 더 상냥하도록 지도함〉이라고 쓰신 것을 보니, 내가 당시에 무뚝뚝하고 과묵했던 것을 잘 파악하셨던 것 같다. 1997년 나는 37살의 나이에 많은 은사님들을 찾아뵈었다. 그러나 모교와 교육청 등 사방으로 알아봐도 이분만 찾지 못했기에 너무나도 그리운 선생님이다.

중3 담임인 서영일 선생님은 기술공업을 가르쳤다. 키가 훤칠하고 미남이며 호남으로 목소리까지 멋있었다. 서 선생님은 내게 사랑과 관심을 베푸셔서 감사하는 마음과 함께 나를 공고로 진학시켜 시련의 길로 들어서게 해 주셔서 안타까운 마음을 함께 갖게 하는 분이다.

중3 때, 나는 3개 반 규모의 성적 우수반 야간 자율학습에 참여했다. 서 선생님이 자율학습 감독 선생님을 맡았던 어느 날 저녁 갑자기 교실에 들어와 "야! 구정회, 너 나와!" 하고 야단치듯 나를 불러내셨다. 친구들은 내가 오늘 또 걸렸다며 놀려댔다. 나는 '내가 오늘 아무 잘못한 일도 없는데 무슨 일이지?' 걱정하며 교무실로 갔다. 문을 열고 들어가 보니, "야, 앉아. 자장면 같이 먹자!" 하셨다. 내가 자장면을 거의 못 먹어봐서도 그랬겠지만, 그 많은 학생 중 나를 선택해서 자장면을 함께 먹자고 하신 고마운 순간은 아직도 잊지 못한다.

중3 초에 진로 문제 때문에 부모님을 오시라고 하여 아버지가 학교에 다녀가셨다. 담임선생님은 나를 불러 아버지께 얘길 들어 보니 집이 어려워서 대학을 보낼 형편이 안 되신다니 공고를 가는 게 좋겠다고 하셨다. 그런데 이왕이면 전교에서 30등 안에 들면 등록금을 한 푼도 안 내도 되는 철도고등학교에 들어갈 수 있으니, 공부를 더 열심히 하라셨다. 나는 우리 집이 그렇게 가난하다는 것을 알게 되었고, 가슴 가득한 아픔이 밀려왔다.

그 후 집에 와서 복습이란 걸 처음으로 하기 시작했고, 열심히 공부했다. 성적이 더 좋아지니 선생님은 내게 철도고등학교보다는 아예 숙식까지 다 제공해 주는 금오공고를 가라며 나를 더욱 격려했다. 열심히 공부하여 반에서 1등은 물론, 졸업 전 전교 석차까지 매우 높아졌다. 그러나 막상 좋은 성적이 나오자 담임선생님은 금오공고에 가면 대학에 갈 수 없으니, 대신 인천기계공고를 가서 자격증을 따고 대학에 가는 게 좋겠다며 나를 인천기계공고로 진학하게 하셨다.

중학교에서 가장 잊지 못하는 분은 중1 때 주임 선생님이고, 물리를 가르치신 김인식 선생님이다. 내가 신입생 중에서 최초로 싸워서 교무실에 불려 가 그 선생님께 벌을 받았기에 나를 문제아로 생각하셨다. 하지만 이후 내가 물리 과목에서 늘 100점을 받고, 싸움도 내가 시작한 것이 아니라 당시 낙제생이었던 문제 학생에게 억울하게 말려든 것을 아시면서 나를 각별하게 아껴 주셨다.

중3 때 내가 공고에 원서를 낸 후 어느 날 선생님은 수업에 들어오셔서 진도는 안 나가시고 수업 시간 내내 나를 야단치셨다. "사내 녀석이 집안이 어렵다고 적당히 포기하고 공고를 가느냐! 신문을 돌리고, 우유 배달로 학비를 벌어서라도 대학에 가야 한다"면서 안타까워하셨다. 선생이면 애들의 재목을 봐가면서 학교를 보내야 하는데 참 한심하다며 내 담임선생님을 비난하셨다.

당시 나는 선생님의 깊은 뜻을 이해하지 못하고 가난에 대한 서글픔과 서러움에 눈물만 흘렸다. 그런데 나는 몇 개월이 지나 공고에 입학한 후 이 선생님이 왜 그렇게 열변을 토하고, 화를 내시며 안타까워하셨는지 잘 알게 되었다. 가슴 절절한 선생님의 사랑과 안타까움을 이해하고는 많은 눈물을 흘렸다.

김인식 선생님은 이날로부터 약 22년이 지난 1998년, 내가 38살 때에 파주까지 찾아가 뵈었다. 식사와 약주를 대접하며 감사 인사를 드렸다. 선생님께서는 내게 어떻게든 대학에 가서 나중에 뭔가는 할 줄 알았다고

김인식 선생님을 찾아뵙고

말씀하시며 기뻐하셨다. 기억조차 못 하실 줄 알았는데, 제자를 보며 너무나도 기뻐하시는 선생님의 모습은 아직도 내게 잊혀지지 않는 감동이다.

인천기계공고에 진학한 나는 큰 혼동 속에 빠지며 엄청난 고생을 하게 되었다. 공고가 어떤 곳인지 전혀 알지 못하고 진학한 내 책임이 제일 크지만, 실업계로 가면 진로가 어떻게 될 거라고 힌트조차 주지 않았던 중3 담임선생님이 너무나도 야속했다. 과장되게 표현한다면 공고는 일종의 직업훈련소와 같은 곳이었다.

고교 선생님들 중 일부는 공고와 전문대 졸업 후 실습 선생님으로 일하는 사람들도 여러 명이었고, 선생님들의 수준도 중학교 때 선생님들에 비해 상당히 낮았다. 고교 시절을 생각하면 나를 가장 괴롭혔던 선생님과 나를 이런 구렁텅이에서 건져 준 고3 담임선생님 두 분을 잊을 수가 없다.

은도끼 선생님은 기계부장직을 맡은 학교의 실세였다. 전교 1등을 하던 나를 불러내, 기능올림픽에 출전해서 학교의 명예를 빛내달라며 나에게 전공생을 하라고 강요했다. 이분은 나를 너무나도 오랫동안 너무나도 가혹하게 괴롭혔다. 훗날 직접 만나서 사과는 받았지만 나의 소중한 청소년기를 가장 고통스럽게 만든 사람이다. 이 선생님과의 일은 에피소드

부분에서 따로 언급할 것이다.

  고3 담임이신 박장수 선생님은 나를 크게 도와주신 내 인생의 가장 큰 은인이다. 박 선생님은 국어 선생님이신데, 비교적 작은 체구이지만 당당하고 뱃심이 있는 분이다. 곤경 속에서 헤어 나오지 못하고 있던 나를 구해 주신 은혜 말고도 평소 국어에 약했던 내가 국어를 열심히 공부하도록 해 주셨다.

  일반적으로 생각하면 담임선생님이 자신의 반 학생을 도와주는 게 당연하다. 그러나 당시에 은도끼라는 실세 선생님의 위세를 아무도 말리지 못하고 있던 상황에서 나를 부당한 핍박에서 벗어나도록 해 주시기는 쉽지 않은 일이었다. 그분의 용기와 은혜는 내가 1년이 넘게 고생하면서 전혀 기대할 수 없었던 것으로 평생을 감사하게 생각하고 있다.

  박장수 선생님 이전에 국어를 담당했던 김영택 선생님은 서울대 출신이었는데, 우리가 공고 학생이라 그런지 평소 수업 시간에 '너희들에게 가르쳐 줘봐야 뭘 알겠냐?'는 식으로 빈정거려서 정말 국어 시간이 싫게 만들었다.

  반면 박장수 선생님은 기본 개념에서 응용까지의 변화를 비교적 쉽게 가르쳐 주셨다. 내게 어렵고 싫었던 국어를 잘 이해하고 열심히 공부하게 해 주셨으니 박 선생님은 진정한 선생님이라 생각된다. 박 선생님 덕분에 나는 대학입시 때 국어에서 상당한 고득점을 했으니 선생님이 학생들에게 미치는 영향이 그만큼 큰 것이다. 내가 이 책을 편안하게 쓰고 있는 것도 박 선생님 덕분인 것 같다.

  나는 결혼 후 자녀들과 함께 박 선생님을 찾아가 인사드렸다. 정말 가슴 속 깊이 있었던 슬픔과 감사함이 함께 복받쳐 올라왔다. 그 당당하셨던 분이 교통사고 후유증으로 거동이 조금 불편하셨다. 30대 초반에 겪었던 교통사고 후유증으로 고생하던 나는 그 불편함을 너무 잘 알기에 눈물도 많이 흘렸다.

올해도 찾아뵈었는데 연로하셨어도 선생님의 기백과 나에 대한 애정은 그대로였다. 내가 반가우시면서도 먼 길을 찾아오는 게 안쓰러우신지 그냥 전화나 해도 되니 오려고 애쓰지 말라고 말씀하신다. 힘들게 고통받던 청소년 시절의 내 인생을 바꿔 주신 선생님께 대한 감사함과 존경의 마음은 말로 표현할 수 없다. 이 선생님의 은혜 덕분에 나는 누구를 도와주는 일에 주저함이 없게 되는 것 같다.

14
상조회

　일반 연구직 직원이었던 내가 연구소에서 이름이 알려지게 된 계기가 있다. 오래전 일이라 정확하진 않지만 1996년 경의 일로 직장 상조회에서 운영하는 직원 식당 문제를 언급한 사건 때문이었다. 당시 연구소는 대덕연구단지의 외곽에 있고, 연구소 밖에 나가서 식사를 할 수 있는 여건이 아니었기에 대부분 구내식당에서 식사를 할 수밖에 없었다. 음식이 맛이 없으니 늘 잔반이 많았고, 배식하는 분들이 대부분 퉁명스러워 직원들은 늘 식당에 대해 불평불만이 많았다.

　어느 날 식당 퇴식구에 '음식 남기는 사람은 F 학점'이란 큰 글이 붙여졌다. 나는 이 글을 보고 전 직원들이 보는 게시판에 '누가 F 학점을 말하는가?'라는 글을 올리면서 일이 커지게 되었다. 'F 학점'이란 단어가 매우 불쾌하게 느껴졌기 때문이다. 내 글의 내용은 '음식을 F 학점으로 만들어 놓고, 어찌 주제넘게 음식물을 남기는 사람을 F 학점이라고 주장하는가? 그런 주장을 하기에 앞서 음식이나 똑바로 하라!'라는 것이었다. 나의 글로 인해 게시판은 뜨겁게 달궈졌다.

　결국 상조회장이란 사람에게 연락이 와서 면담하게 되었다. 면담 결과는 실망스럽게도 이런저런 사정이 있으니 내가 잘 이해해 주고 게시판에

글을 쓰지 말아 달라는 것이었다. 나는 상조회장에게 직원들이 불만이 많은 거 아실 테니 그렇게 개인적으로 나를 이해시키려 하지 마시고 게시판을 통해 전체 직원들을 이해시켜 달라고 했다. 그는 내게 참 답답하다면서 그럼 다음에 행정부장이 참석하는 상조회 운영위원회를 할 때 참석해서 내용을 들어 보라고 권했다.

그는 회의에 높은 사람이 참석한다며 내게 은근히 압력을 주었다. 나는 "행정부장이 아니라 기관장이 참석해도 좋습니다. 회의는 언제 하나요?" 하고 되받아쳤다. 차일피일 미뤘던 회의가 거의 한 달이 지나서야 개최됐다. 나는 이 상조회 운영위원회에서는 뜻밖의 일을 목격하게 되었다.

당시 상조회는 모든 직원의 급여를 일부 떼어서 상조회비로 납부하게 되어 있었고, 상조회는 이 돈을 모아서 새마을금고로 운영하고 있었다. 마침 이날 새마을금고의 대출이자를 결정하는 회의를 하였다. 당시의 시중금리와의 비교 등 제대로 된 아무 근거도 없이 개인 입장에 따라 초저리로 이자율을 정하려는 운영위원들의 발언에 나는 실망과 함께 분노를 참지 못하고 결국 말을 하고 말았다.

얘기를 듣다 보니 운영위원 대부분이 상조회 대출을 받으신 것 같은데 시중금리와의 형평성 등은 고려도 없이 그냥 정해도 되느냐고 물었다. 그러자 운영위원 한 사람이 당신이 뭔데 이 회의에 참석해서 말하느냐며 나를 내보내려 했다. 나는 상조회장의 권유로 참석했다고 했으나, 상조회 운영위원들끼리 숙덕거리더니 내게 위원이 아니니까 나가달라고 했다.

나는 자리에서 일어나며 어떻게 해야 상조회 운영위원이 되냐고 물었다. 일단은 상조회 대의원으로 선출돼야 하고, 상조회 대의원회에서 운영위원으로 뽑혀야 한다고 했다. 한 달 후 상조회 대의원 선거가 있어 나는 자원해서 나갔다. 게시판 사건으로 이미 유명인이 되어 있던 나는 대의원회에 참석하여 1순위로 운영위원으로 선출되었다. 결국 나는 문제의 그 상조회 운영위원회에 정식 위원으로 참석하여 상조회의 문제점을 지적하고 개선 방향에 대해서 언급하였다.

그런데 뜻밖의 일들이 터지기 시작했다. 식당에서 일하던 주방장이 갑자기 내 집을 찾아와서 나를 만나자고 하여 아파트 단지에서 만났는데 그는 이런저런 식당의 문제점들을 말했다. 결국 식당 문제와 새마을금고의 개혁을 주문하고 다음 회의를 기다리고 있는데, 두어 달 만에 열린 회의에선 엉뚱한 일들이 나를 기다리고 있었다.

그 사이에 전임 상조회장은 직장을 그만뒀고, 간사 여직원이 도주했는데 그녀가 꽤 큰 돈을 횡령한 것이다. 이 사실을 보고 받고 나는 너무 화가 났다. 내가 상조회의 문제점을 지적하고 개혁 방안을 말하자 큰돈을 횡령한 상조회 직원이 불안감을 느끼고 도망간 것이다. 문제가 제대로 수습이 안 될 것 같으니 전임 회장도 이미 퇴직금을 다 챙겨서 퇴직하고 난 이후에서야 회의를 소집한 것이다.

이 문제로 운영위원회에선 격렬한 논쟁이 있었는데 상당수 운영위원이 전임 회장을 감싸기에 급급하였다. 횡령한 여직원을 고발하는 것도 피동적으로 진행하는 것을 보고 이건 아니라는 생각을 하게 되었다. 결국은 이 문제를 상조회 대의원회에 상정했는데, 여기서 나는 못 볼 꼴을 보고 큰 변화의 길을 가게 되었다.

상조회 직원의 엄청난 횡령에 대해 싱조회 운영진에서 전액이든 일부든 법적 도덕적 책임을 져야 하는 게 상식이다. 그런데 이미 많은 대의원들이 회유를 당한 느낌이었다.

많은 대의원들은 횡령사건에 분개하여 횡령금액의 100%, 90%, 70% 변상 등등 의견을 주장했다. 그런데, 정개문이란 대의원이 각자 몇 퍼센트로 할까 제안하고, 인원이 가장 많이 몰리는 안으로 결정하자고 제안했다. 상당수 대의원이 60% 이상 변상조치를 요구했지만 인원이 갈렸다. 그런데 몇몇 대의원들은 이구동성으로 5%만 변상하자는 안에 손을 들었다. 결국 서너 명이 함께 손을 든 안으로 결정되는 터무니없는 의사결정 방법을 보게 된 것이다.

나는 아직도 이 자의 꼼수를 잊지 못하고 이런 행태로 회의를 엉뚱하게 진행하는 자들을 알게 되었다. 결국 나중에는 노조 일을 하면서 이런 행태를 어떻게 막고 이겨 낼지를 알게 해 준 계기가 되었다. 결국 이 일은 나를 자극하게 되었고 나는 신임 상조회장을 찾아가 담판을 지었다. "오늘 회의 잘 이긴 걸 축하드립니다. 드릴 말씀이 있습니다. 바로 상조회를 해체하지 않으면, 제가 검찰에 상조회를 고발할 생각이니 내일까지 결정해서 알려 주세요."

내 말을 들은 상조회장은 사건을 자기들 뜻대로 해결한 기쁨도 잠시였고, 나의 발언을 듣고 얼굴이 굳어져 내게 꼭 이래야 하냐고 물었다. 나는 이번 회의를 보면서 한 가닥의 희망도 보이지 않기에 반드시 이를 처리해야겠다고 마음먹었으니 참고해서 답을 달라며 상조회장 방을 나왔.

다음 날 오후 결국 상조회장이 나를 보자고 하여 찾아갔다. 그는 얼굴에 취기가 잔뜩 남아 술 냄새를 풍기면서 분한 어투로 상조회는 문을 닫기로 했는데 당신 어디 두고 보자며 말했다. 나는 어떤 보복도 두렵지 않다면서 상조회를 없애는 결심을 해 준 것에 감사하며 이런 잘못된 조직은 차라리 없애는 게 낫다고 말하고 자리를 떴다.

결국 오랫동안 말썽이 많았던 상조회는 해체되었고, 직원들의 돈을 돌려줬다. 그동안 상조회를 통해 많은 혜택을 누렸던 자들은 나를 미워하기도 했지만, 더 큰 횡령 사건이 발생할 수 있는 상황을 막을 수 있었다. 또한 아무런 근거도 없이 무조건 직원들의 급여를 떼서 쓰는 문제를 비롯해 일부 사람들에 의해 좌지우지되었던 식당은 직장 경영진에서 직접 관장하는 형태로 바꾸게 했다.

식당 문제를 바꾸는 데에도 많은 저항이 있었다. 심지어는 동문 선배가 왜 그런 일에 관여하느냐며 회유도 했다. 그렇지만 음식을 잘하고 못하고를 떠나 시스템적으로 비리가 있는 것은 투명하게 고쳐야 한다는 생각에 비록 힘은 들었지만 이를 고친 것은 다행이라고 생각한다.

여러 사람이 교묘한 주장으로 식당개혁을 반대했지만 나는 결국은 해냈다. 사람들은 명백한 대의가 있음에도 본인에게 이권이 걸려 있거나 관계자의 청탁을 받고 교묘하게 반대하는 것을 보면서 인간들에 대해 많이 공부하게 된 것 같다. 이 경험은 몇 년 후, 내가 노조 지부장을 하면서 노조를 개혁하는 데 큰 도움이 되었다.

15
노동조합

    2000년 초, 입사 후 13년 만에 새로운 과제로 옮기고, 좋은 선임자를 만나고 나서 재밌고 보람있는 직장생활을 하고 있었다. 그러나 그것은 잠시뿐 나는 2001년에 노조 대의원 일을 시작하면서 갑작스런 많은 변화를 겪게 되었다.

    나는 2001년에 대의원 의장을 한 이후, 2002년부터 2004년까지 부지부장을 했었고, 2007년부터 2010년까지 4년간 지부장을 했다. 2014년에도 1년간 대의원 의장을 했으니 꽤 오랜 시간을 노조 활동을 했다. 그러나 나의 노조 활동의 특징은 노조만 하고 일을 안 한 게 아니라 과제, 부서 업무를 하면서 일했다는 것이다. 또한 단순히 노조 일을 하고 싶어서 한 게 아니라 노조를 개혁하기 위해 노조 일을 한 것이다.

    나는 노조 활동을 통해 여러 가지 제도를 개선하고 개혁하며 스마트한 노조의 모습을 구현했다는 게 나를 행복하게 한다. 이때 함께 일했던 노조 집행부 팀원들이 이제는 모두 경영 일선에서 좋은 부서장으로 일하고 있는 것을 보는 것도 나의 기쁨이다.

    내가 초등학생 때 어머니를 따라 시장에서 채소를 팔 때 완장 찬 사람들이 좌판에서 장사를 하던 사람들에게 했던 행패를 잊지 못한다. 고등학생 때는 폭군과 같은 선생에게 시달릴 때 아무런 도움도 받지 못했던 아픔도 겪었다. 그리고 연구원 초년생 시절 악덕 실장에게 고통받으며 아무런 도움을 받지 못했던 일을 기억한다.

이런 경험들 때문에 나는 노조 간부로 일하면서 남에게 도움을 주고 봉사하는 것을 중요하게 생각했다. 여러 사람에게 도움을 주는 역할을 한 것은 정말 보람된 일이었고, 행복한 봉사이며 재능기부였다고 생각한다.

2001년 어느 날, 당시 내 소속 대의원이 지부장 욕을 심하게 하는 것을 들었다. "아니 왜 그런 소릴 우리에게 하냐? 그런 문제는 대의원인 당신이 지부장과 얘기하고 싸워서 고쳐야 하잖냐?"고 했다. 그러자 그는 내게 "그럼 당신이 해 보라"고 말해 할 수 없이 노조 대의원을 하게 된 것이다. 나는 이미 직장 내에서 상조회 사건으로 이름이 알려져 있었기에 대의원이 되자마자 대의원 의장으로 선출되었다.

대의원 의장이 된 후, 그동안 해온 일에 대해 살펴보니 회의록도 없고 제대로 된 근거와 절차도 없이 일이 진행됐음을 알고 경악했다. 전임 대의원 의장에게 받은 것은 아무런 회의록도 없는 달랑 메모 한 장이었기 때문이다. 나는 대의원회를 공개적이고, 투명하게 운영할 것과 약속했다. 이에 따라 대의원회 회의록을 작성하고, 모든 대의원에게 공람 후 직원 게시판에 게재하였다.

나는 두 차례 노조 지부장을 하면서 많은 제도를 개선했다. 특히 임금제도 개편과 대폭적인 임금인상 등 많은 성과를 내었다. 이런 일들이 가능했던 것은 내 노력도 있었겠지만, 홍순복/오인서 수석부지부장, 장수동/송이영 사무국장, 정종엽 정책부장, 김학준/김진필 총무부장, 황순관/서범경 홍보부장, 조용준 조사통계부장, 이원경/임경환 후생복지부장 등 좋은 동료들이 함께했기 때문이다.

　대폭적인 임금인상이 가능했던 것은 예산을 잘 알고 있던 김학준 총무팀장과 임금체계 개편에 소요 되는 예산을 정확하게 분석해 준 정종엽 박사 덕분이다. 이런 좋은 인재들의 마음을 얻고 함께 일한 것은 나에게는 엄청난 행운이었다.

　나는 협상을 하면서도 단 한 번의 어려움도 없었다. 나는 권위를 내세우거나 떼를 쓰지 않았다. 타당한 명문과 논리 그리고 객관적 분석 결과를 갖고 제안했기에 얼굴을 붉힐 일도 없었다. 이런 협상 방법에 당시 기관장들도 반대할 이유도 명분도 없었기 때문이다.

　나는 노조는 수평적인 조직이어야 하며 민주적이고 투명한 절차를 거치는 게 중요하다고 생각했다. 이 때문에 이들 젊은 스탭들이 각자의 의견을 자유롭게 말하고 좋은 방향으로 의견을 수렴하여 방향을 결정하도록 하는 일을 실제 현실 속에서 구현했다는 것은 내게는 큰 보람이었다.

　또한 협상의 기술을 배우고 실행해 본 것도 내게는 큰 소득이다. 내가 원하는 것을 얻기 위해서는 상대방을 설득하고 이해시킬 수 있어야만 하는 것이지, 떼를 쓰거나 겁박해서는 안 되는 것이기 때문이다. 어떤 논리와 근거로 내가 원하는 안을 협상에서 얻어낼 것인가를 배우고 실천하는 좋은 기회가 되었다.

　내가 노조 일을 하면서 가장 크게 염려했던 것은 과거 노조 일을 했던 사람들이 했던 잘못을 반복하지 않는 것이었다. 즉, 완장을 차고 사람들에게 유세를 떨거나 노조 돈을 유용하는 일이 발생하지 않게 하는 것이었다. 누군가 이런 사고를 저지르면 나의 모든 노력이나 좋은 의지가 다 물거품이 되기 때문이다. 다행스럽게도 모두가 아무 사고 없이 잘해 준 것에 깊이 감사한다.

　나는 교통사고 후유증으로 고생하던 시절, 건강만 회복하면 남들을 위해 봉사하면서 살겠다고 스스로 다짐한 바가 있다. 노조 일은 그런 다짐을 지키는 차원에서 한 것이다. 그러나 내가 가고 싶은 인생, 내가 하고 싶은 일들을 놔두고 남들을 위해 봉사하는 것은 마음같이 쉽지만은 않을 일이었다.

　노사 대립이 심했던 2000년, 2001년의 일이다. 노조 지부장이 자신의 승격을 위해 아무런 승인 절차도 없이 승격제도를 마음대로 바꿨다. 3년간의 성적을 평가하는데 실적비율을 15%에서 47.5%로 늘리고 이걸 소급 적용했다. 인사평점의 영향을 무력화시키는 제도인데도 사측이 합의를 해줬고, 대폭 변경한 제도를 경과조치도 없이 인사에 소급 적용까지 했다.

　당시 기관장은 경영에 큰 부담을 준다면서 직원들 승격을 안 시키며 미루다가 2001년 봄에 역대 최저인 12%를 승격시키며 2000년 승격으로 소급시켰다. 평균 승격율 약 40%에 비하면 처참한 수준이었다. 이런 황당한 일로 나는 본부 승격대상자 16명 중 1위에서 3위로 밀려서 올라갔어도 워낙 낮은 승격율 때문에 탈락했다. 그러나 노조 일을 하며 실상을 파악해 보니 경영에 전혀 영향이 없었단 걸 확인하고는 가슴이 아팠다.

　직원들에게 매우 중요한 승격을 안 시키고 삼수, 사수생들을 만들었던 그의 거짓말을 생각하면 화가 난다. 이를 막지도 못하고 자신의 이익만 취한 노조 집행부는 불신임으로 쫓겨났다. 나는 누구 탓만 하는 것은 의미가 없기에 기관장 개인의 기분에 따라 승격이 좌우되는 일이 없도록 승격 제도를 최소자격제라는 절대적 선정 제도로 바꾸었다. 직원들이 자신의 승격 가능 여부를 사전에 알게 하고, 후배들이 매년 자신의 승격 여부를 가슴 조이며 기다리는 이런 폐단을 경험하지 않게 한 것은 큰 보람이었다.

　노조 일을 하는 것이 힘든 면도 있지만 보람도 컸기에 나는 좋은 의지를 가진 사람들이 노조 일을 잠시 하는 것도 좋다고 말한다. 남들에게 혜택을 얻는 것도 좋은 일이겠지만 남들에게 혜택을 받게 해 주는 일 또한 보람되고 가치 있는 일이다. 자신이 직장의 주인으로서 책임감 있게 행동하는 것도 중요하다고 생각한다.

　노조 일로 가슴 아픈 일도 많았다. 노조 일을 끝내고 업무에 복귀한 후의 일이다. 20년을 넘게 함께 일했던 동료인 죽무식이 노조 지부장이 된 후 진절머리가 날 정도로 온갖 거짓말로 나를 음해하고 사사건건 자신의 무능을 내 탓으로 돌렸다. 죽무식 등 후임 집행부의 허위사실 유포는 심각한 명예훼손이었다. 정말 악마가 따로 없는 것 같았다.

　그들은 허위사실 유포로도 모자라 내가 표창을 받은 것까지 모욕했다. 정말 어려운 환경에서 땀 흘려 일해서 받은 상에 대한 모욕은 내 땀에 대한 모욕이었다. 자신의 잘못 때문에 내게 피해를 입혀서 미안하다고 사과했던 당사자가 나를 파렴치한 자로 호도하는 것은 참을 수 없는 일이었다.

　결국 나는 그들에게 법적 처벌을 받게 했다. 개인적으로는 처벌받게 한 게 가슴 아프지만 이것은 개인의 명예 문제뿐만이 아니었기 때문이다. 앞으로 직장 내에서 허위 사실로 남을 음해하면서 노조 선거에서 이기면 그만이라는 행태가 절대로 다시 일어나서는 안 된다는 생각 때문이었다.

　한편 내가 노조의 허위사실 유포로 명예를 훼손당했을 때 사실 확인을 도와주기는커녕 회피하던 많은 관련 직원을 보았다. 나는 이들과 함께 직장 생활을 한다는 사실이 슬펐다. 결국 경영진에서도 내놓지 않던 자료도 재판부를 통해 받아 냈고, 허위사실 유포에 대한 진실을 판결로 받아 냈고, 그들은 결국 전과자가 되었다. 그러나 대부분의 일들이 그렇듯이 진실이 밝혀졌을 때는 직원들의 관심사가 아니었다. 그래도 노조 일로 마음고생도 많아 건강도 많이 상했으면서도 거짓 선동을 하는 사람들과 싸우느라 애써 준 최유락 박사와 전민구 박사, 박우신 박사 등 좋은 사람들이 있어서 너무나도 고마웠다.

한편, 노조는 개선되고 발전하는 데 한계가 있는 것 같다. 조직의 특성상 사람의 영향이 너무 큰 것 같다. 나는 2019년 최고 경영진인 소장이 된 이후 두 명의 지부장을 보았는데, 지부장이 된 후 그들의 모습은 너무 실망스러웠다. 가장 안타까운 일은 지부장들이 기관장인 박원석 원장과 이야기 한 번 제대로 나누지 않고, 대화와 협상으로 문제를 해결하려는 노력도 없이 현수막만 내걸고 악덕 기관장으로 매도한 것이다.

자신의 무능을 기관장의 고집불통으로 둔갑시키며 진실을 호도하는 모습을 바라보는 나의 마음은 불편하기 짝이 없었다. 분규를 일으킬 일도 없는데 차기 선거를 의식해 분규가 심한 상황을 만들었다. 나는 직원들을 속인 이들을 용서하지 못할 것 같다. 지부장이라는 완장을 찬 후 온갖 거짓 선동으로 조합원들을 속이는 행태가 한심스럽고 죄 없이 나쁜 이미지를 덮어쓴 박 원장님 생각에 가슴이 아프다.

2019년 10월, 박원석 원장께 소장직을 제안받았을 때의 일이다. 나는 소신에 안 맞으면 언제든지 그만두겠으며, 원장님도 내가 맘에 안 들거나 제대로 못 하면 언제든지 자르시라고 말씀드렸다. 원장님은 흔쾌히 수락하셨다. 기관장에게 이런 말을 하기도 어렵지만 이런 말을 흔쾌히 받아주는 기관장도 드물다. 그만큼 박 원장님은 소탈한 분이며 노조 문제도 늘 바로바로 해결하고자 했다.

이런 분이 악덕 기관장으로 매도된 것이 직원들에게 득이었을까? 진정한 연구원이라면 진실을 알리는 노력이 기본이 되어야 한다. 남의 말에 부화뇌동한다면 제대로 된 연구를 할 수 있을까? 자신의 무능을 감추기 위해 기관장을 악인으로 매도하는 게 연구기관 노조가 할 일일까?

노조위원장이란 자리는 봉사하는 자리이다. 완장을 차고 목에 힘주고 동료들 위에 군림하는 자리가 아니다. 완장은 임시로 맡겨진 것이지 자기 개인의 자산이 아니다. 노조 지부장을 마치고 폐인처럼 지내는 사람을 너무 많이 봤다. 완장의 무게도 못 이겨 내고 우쭐거리는 사람은 완장이 사라진 후 공허함을 견디지 못한다.

나는 노조 일을 잘 마치고 이전의 자리로 정상적으로 돌아온 것에 감사한다. 비록 고생도 많았고 불쾌한 일들도 겪었지만, 동료 조합원들을 위해 봉사하고 많은 문제점을 고쳤기에 후회는 없다. 남에게 기대거나 체념하기보다 자신을 던진 나의 용기에 감사한다. 늘 날 믿고 조언을 아끼지 않았던 많은 동료, 선후배 직원들에게 고맙게 생각한다. 그들이 늘 나를 바로 세웠기 때문이다.

어린 시절, 내가 어려움에 처했거나 억울한 일을 당하고 있을 때 이를 외면했던 사람들의 모습을 아쉽게 생각했다. 그런 내가 그들과 똑같은 길을 갈 수는 없는 일이다. 특히 고3 담임선생님으로부터 큰 도움을 받은 내가 남을 돕는 일을 외면하며 살 수는 없다는 생각이다. 나는 물리적 득실이 아니라 얼마나 나의 신념을 지켰는지를 더욱 중요하게 생각한다. 내가 나 편한 길만 가고자 했다면 지금 내 마음은 더 불편했을 수도 있기 때문이다.

나는 32살에 교통사고를 당해 심한 후유증으로 고생할 때, 내가 건강을 회복하면 세상에 봉사하며 살겠노라고 스스로 다짐했었고 그때의 다짐을 지키며 살고 있다. 나는 수련을 한 사람이기에 말로만 도를 닦을 게 아니라 일상에서 도를 닦아야 한다고 생각한다. 내 신념을 지키지 못하는 삶은 나 자신에게 불편함만 가중시킬 것이다. 내게 주어진 소명이라면 그걸 외면하기는 내 마음이 편치 않다.

나는 힘들고 실망스러운 일도 많이 겪었지만 반대로 좋은 분들, 은인, 친구도 많이 만났기에 감사하는 마음으로 살고 있다. 노조 일을 하면서 노조에 관여된 사람들의 비열하고, 더러운 면도 많이 봤다. 특히 주변 사람이 자신의 입지를 위해 흑색선전으로 나를 매도하는 것을 경험한 것은 매우 가슴 아픈 일이었다.

그러나 오히려 옥석을 가리듯 정말 신의도 없고 속이 시커먼 자들을 확인할 수 있게 된 것은 큰 소득이다. 내가 이런 일들을 겪지 않았으면 그들을 좋은 사람으로 생각하고 계속 속았을 것이기 때문에 빨리 내게 자신의 정체를 보여 준 것이 고맙다. 착한 줄 알았던 사람이 권력이라는 완장을 차자 거만을 떠는 모습들을 보았다. 사람은 바닥을 봐야 알 수 있다.

좋을 때 좋은 사람은 많지만 내가 어렵고 힘이 없을 때도 좋은 사람은 많지 않다. 내가 잘 나가고 좋을 때 만나는 사람들 가운데 진실한 사람들도 있겠지만 나의 환경이나 여건 때문에 그럴 수도 있다. 그보다는 내가 정말 어렵고 아무런 힘도 없을 때도 나를 믿고 함께 할 수 있는 사람이 정말 좋은 사람인 것이다.

인생도 친구도 신의가 있어야 한다. 신의가 없고 진실이 없는 사람과 함께 시간과 공간을 나누는 것은 아무런 의미가 없다. 고교 시절 내가 곤경에 처했을 때 거의 모든 선생님들이 모른 척했다. 그러나 선생님들이 모두 다 나쁜 건 아니다. 내가 평생 감사해하는 선생님들처럼 학생들을 아끼고 잘 이끌어 주시는 선생님들도 많다는 것을 잊지 않으려 한다.

노조 일로 너무 많이 알려져서 전체 직원들이 다 알아보고 내 일거수일투족이 노출되다 보니 거의 준 연예인처럼 살아야 하는 불편함도 있었다. 나를 시기하는 사람들도 많았기에 매사에 조심하며 나를 더 열심히 잘하도록 채찍질한 면도 있다. 이제는 수많은 신입 직원들로 세대교체가 되어 내가 잊혀져 가는 게 감사하고 기쁜 일이다.

물론 일부의 일이겠지만, 나는 검사의 갑질도 경험했고 경찰의 우유부단함과 정의롭지 않음도 봤다. 정치적으로 민감한 사건에 대해 판결하지 못하고 적당히 합의를 종용했던 판사도 경험했다. 우리 사회의 어두운 면들도 봤기에 사법권에 대한 불신도 어느 정도 공감하고 있다.

노조 일을 하면서 겪은 이런 경험들이 나를 힘들게도 했지만 나름대로 보람도 있었다. 끝까지 진실과 정의를 지키려는 나 자신을 부끄럽게 살지 않으려는 내 삶이 좋다. 비록 후회되는 일도 많지만 노조 일을 해 보지 않았다면 내 남은 인생 내내 후회하며 지낼 수도 있기 때문이다.

돈을 쓰고서라도 시간을 쓰면서도 지켜야 할 가치가 있는 것이 있다. 나는 그런 가치를 지키는 데 노력을 아끼지 않으니 정말 행복한 사람이다. 당장 눈앞에 놓이는 이익에만 연연해서 사는 삶을 살 수는 없다. 생각이 깨이고 의지가 강한 만큼 외롭더라도 당당한 길을 가야 한다.

16

AIP와 국방대 안보과정

나는 서울대의 원자력 정책 전문가 과정과 최고산업전략과정(AIP), 그리고 국방대 안보과정을 다녔다. 늘 배우고 싶은 게 많았던 내게는 배움을 넓히는 좋은 기회였다. 원자력 정책 전문가 과정은 원자력 분야 사람들끼리의 만남이었지만, AIP과정과 국방대 안보과정에서는 다양한 분야 사람들을 만났다.

나는 AIP 47기를 다녔는데, AIP는 기수당 약 50명 정도의 인원으로 구성원 상당수가 민간 중소기업 CEO 또는 대기업의 임원급 간부들과 정부기관의 간부들이었다. 나는 이곳에서 많은 좋은 분들을 만났고 그들과의 인연은 지금도 내 삶에 큰 활력이 되고 있다.

토목업을 하다 이제는 엉뚱하게 장어 사업을 하시는 전상열 대표님, 디자인을 전공한 섬세한 장경일 부사장님을 만나면 늘 즐겁다. 특히 골프를 참 잘 치면서도 많은 조언과 관심을 아끼지 않는 전 대표와의 시간은 내게 큰 힐링이 된다.

내가 개인적 일로 어려울 때 도와주시려던 김정호 회장님의 배려는 잊을 수 없다. 1,000억 카페로 유명한 기네스북에 오른 김포의 Positive Space 566 카페를 운영하시는 이강 회장님은 늘 에너지 넘치고 원우에게 베풀고 배려하는 모습이 존경스럽다. 삼성 장군 출신 정홍용 회장님은 정말 강직하면서도 선이 굵은 리더십을 갖고 계신 분이다. 성격은 대장부 같이 적극적이면서도 단아한 용모의 고순란 회장님, 날 늘 응원해 주시는 이태호 대표님 등의 원우들이 내게 특별한 의미를 준다.

특히 내가 더욱 좋게 생각하고 있는 것은 이들은 현재에 머물러 있는 사람들이 아니라, 늘 도전하고 성취하며 생기가 넘친다는 것이다. 내가 그동안 보아왔던 직장의 울타리에 안주하거나 작은 일에 일희일비하는 사람들과는 달리 긍정적이고도 재미있어서 좋다.

2014년 12월 말 나는 부원장님께 불려가 갑작스럽게 국방대 안보과정에 가라는 지시를 받았다. 나는 2012년에 이 과정에 가길 원했지만 다른 직원이 가는 바람에 대신 AIP 과정을 가게 되었기에 이미 혜택을 받았으니 가고 싶은 생각이 없다고 했으나 웬만하면 가라는 말에 어쩔 수 없이 가게 된 것이다.

국방대 안보과정은 육군, 해군, 공군, 해병대의 대령급 고위 장교들과 정부 각 부처의 공무원들, 공공기관의 보직자 출신들로 구성되며, 국가 안보와 관련된 좋은 강연도 들으며 인맥도 쌓는 좋은 장이었다. 다양한 분야의 사람들을 한 자리에서 만나기는 쉽지 않음에도 불구하고 이런 만남의 기회를 얻게 된 것이다. 안보과정에 오니 대부분 즐거워했는데, 나는 생각지도 못하게 떠밀리듯 와서 연수 과정 초기엔 좀 우울했다.

구성원 대부분이 나름대로 각자의 조직에서 열심히 일하고 어느 정도의 지위를 가진 사람들이라 그런지 대부분 자부심을 갖고 있어 보였다. 이 과정을 공부하며 좋았던 것은 다들 나름대로는 열심히 살아온 밝은 모습을 본 것이다. 연구장이든, 분임원이든, 간사든, 누가 어떤 역을 맡아도 서로에게 시기하거나 불평을 갖는 이가 없었다.

다른 한편으로는 비교적 경직된 군, 공무원 조직에서 오랫동안 살아와 늘 진급이나 심사에 신경을 쓰면서 살아야 하는 이들의 삶도 알게 되었다. 처음에는 답답하고 안쓰럽게 느껴진 면도 있지만 이런 구성원들의 특징을 이해할 수 있게 되니까 더욱 그들과의 대화도 편해질 수 있게 된 것 같다. 계급으로 많은 것들이 결정되는 그들의 삶에서 진급은 매우 중요하기에 진급 소식은 큰 기쁨이었지만, 진급에서 탈락해 침울해진 후배들을 보는 것이 안타까웠다.

안보과정을 통해서 나는 현역 군인이나 국방대 교수들 모두가 인간적으로 매우 따뜻하고, 좋은 사람들이란 걸 느꼈다. 군인이라 사고가 경직되었을 것 같다는 생각이 편견이었음을 알게 되었다. 내가 국방대 안보과정 동기들에게 받은 가장 큰 인상은 각자 나름대로 자신의 분야에서 열심히 살아온 사람들이라는 점이다. 비록 같은 계급이나 직급에 있더라도 리더십의 크기가 다를 수는 있지만 계급사회, 경쟁사회에 살면서도 불평불만을 갖기보다는 노력하며 어려움을 극복해 왔다는 공통점이 보였다. 이들과 시간을 함께 했었던 것도 내겐 행운이라고 생각한다.

이와 같이 다른 분야의 사람들과 어떤 주제에 대한 서로의 다양한 생각들을 논의하는 것은 신선한 경험이었다. 늘 시기하고, 말 많은 사람들과 지내다가 그런 일을 신경 쓰지 않고 지낼 수 있는 것도 생각지 못한 즐거움이었다. 이런 과정을 다니면서 좋은 친구들, 선후배들을 많이 만난 것에 감사한다.

17

고마운 사람들

 내게는 고마운 분들이 너무 많다. 내가 늘 에너지 넘치게 살아가는 데는 나를 도와준 많은 고마운 분들이 있기 때문이지만, 여기에서는 내 인생에 특별한 의미를 가지고 있어 내가 평생 감사하는 마음으로 대하며 살고 있는 분들에 대해 얘기하고자 한다. 많은 선생님이 내게 사랑을 주셨고 나를 성장하게 해 주셨지만, 여기에서는 특별한 선생님만 언급할 생각이다.

(1) 박장수 선생님

 박장수 선생님은 내 고3 담임선생님이시다. 박 선생님은 내가 고2 때까지 겪었던 길고도, 견디기 힘든 고통에서 나를 구해 주셨다. 1년 반 동안 어떤 선생님도 고통받고 있는 나를 도와주지 않고 모른 체하는 모습들 속에서 체념했던 내게 박 선생님은 나의 단 한 번의 부탁을 외면하지 않고 해결해 주시며, 나를 기나긴 고통 속에서 빠져나오게 해 주셨다.
 나는 고교 입학 후 은도끼라는 선생님의 반강제적 회유로 기능올림픽을 준비하는 전공생이 되었다. 그러나 선배들의 심한 괴롭힘과 선배들의 기능올림픽 출전권을 뺏을 수 없어서 전공생을 그만둔 후 은도끼 선생님에게 엄청난 괴롭힘을 당했다.

그는 어디서든 나를 괴롭히고, 때린 것은 물론 공부도 못 하게 했다. 공고는 특성 때문에 자

고3 담임이신 박장수 선생님과 함께

격증을 따면 취직 준비를 하라고 실습을 면제해 주었다. 그러나 나는 2학년 첫 자격증 시험에서 합격했어도 은도끼 선생님의 지시로 나 혼자만 실습을 면제받지 못했다. 심지어는 다른 학생들은 실습 시간이 끝나면 수업이 끝나는데 나는 실습 시간이 끝나도 제품을 완성해 합격해야만 실습을 끝낼 수 있었다.

내가 얼마나 긴 시간 동안 얼마나 큰 고통을 받았는지 기억조차 하기 싫다. 나를 볼 때마다 히스테리에 가까운 저주와 욕설을 퍼부었다. 어느 날 나를 때려 내가 쓰러지자 내 목을 구둣발로 짓이기며 욕설을 퍼붓던 그의 모습은 잊을 수가 없다.

내가 죄없이 엄청난 핍박을 받는 것을 알면서도 거의 모든 교사가 그의 횡포를 모른 체하였다. 은도끼 선생님이 워낙 실세인데다 성격이 괴팍해서 누구도 감히 그 선생과 맞설 생각도 하지 못했다. 오히려 은 선생님에게 맞장구를 쳐 주던 간신배 같은 선생들이 있었을 뿐이다. 다른 선생님들의 비겁함을 알있기에 나는 마음을 둘 곳이 없었다.

박장수 선생님과 인연은 고3 담임으로 부임 첫날에 시작됐다. 조회가 끝나고 교실 밖으로 나가시는 선생님을 쫓아갔다. 선생님께 내가 처한

상황을 말씀드리고 도움을 청했다. 도와주시지 않으셔도 괜찮다는 맘에 없는 말까지 했다.

박 선생님은 그날 종례를 끝내면서 나에게 남으라고 하셨다. 박 선생님은 이젠 너는 실습장에 가지 말고 열심히 공부해서 대학에 들어가라고 하셨다. 1년 반이란 그 긴 시간 동안 누구도 해결해 주지 못한 일을 박 선생님은 단 한 번 얘기를 듣고, 단 하루 만에 해결해 주신 것이다.

이분이 아니었으면 나는 대학도 제대로 들어가지 못했을 것이고 졸업할 때까지도 그 문제 교사에게 시달렸을 것이다. 왜 한참 어린 나이의 나에게 그렇게 해야 했는지 지나간 일이지만 너무 아쉬움이 크다.

그러나 박 선생님이 나를 공부할 수 있도록 해 주셨음에도 불구하고 나는 바로 공부에 전념하질 못했다. 왜냐하면, 한 선생님의 결단이면 이렇게 쉽게 해결될 일을 내가 고통 속에서 보내야만 했던 일을 이해할 수 없었기 때문이다. 방관만 했던 그 많은 교사들이 밉기도 했고 1년 넘는 악몽의 트라우마를 이겨 내지 못했다. 나는 한 동안을 그렇게 몸서리치면서 뒤바뀐 현실에 제대로 적응하지 못했다.

서너 달이 지나고 거의 폐인이 되어 가고 있는 자신을 발견하고는 겨우 마음을 추스르며 공부를 시작하게 되었다. 남들은 3년을 준비하는 대학입시를 마음이 상처투성이인 상태에서 불과 몇 개월을 독학해서 대학에 입학하였다. 비록 명문대에 입학하지는 못했지만 악몽에서 벗어나 나를 공부를 할 수 있도록 큰 도움을 주신 박장수 선생님은 내 인생에 있어서 가장 큰 은인이다.

(2) 강희영 실장과 내 직장

　사회생활을 시작한 이후 나의 가장 큰 은인은 직장 초년생 시절부터 13년간을 함께 일했던 강희영 실장님이다. 강실장님은 직장 내 3대 악덕 실장으로 꼽힌 분으로 내게 온갖 일을 시키며 강훈련시켰다. 스트레스도 많이 받았고 원망도 많이 했었다. 그러나 중년이 되어 삶을 돌이켜 보니 역설적이게도 내가 직장에서 이런 소위 악덕 실장 밑에서 혹독하게 일한 것이 큰 행운이라 생각된다.

　만일 내가 다른 상사를 만나 편안하게 일하고 작은 연구에 만족하며 지냈다면 많은 일을 책임지고 해 보지 못했을 것이다. 그렇다면 오늘의 업무추진 능력도 용기도 갖지 못했을지도 모른다. 또한 나를 철저하게 외면하며 자신의 고향, 학교 후배들만 챙겼던 내 부장도 어찌 보면 나를 강하게 만들어 주신 은인이다.

　온갖 기계장치를 설계, 제작하고, 이를 활용하며 성능을 확인한 경험은 내게는 매우 소중한 것이다. 당시 갑질로 유명한 한전의 원자력발전소에서 '을'로서 6년간 일하며 프로젝트를 성공적으로 완수했다. 설계, 건설 및 까다로운 인허가 기관에서의 인허가를 온몸으로 경험한 것도 너무나 감사한 일이다.

　나는 직장에서 이분들과 생활한 이후에도 38년 넘게 근무하며 좋고 나쁜 여러 상사를 만났다. 괜찮은 동료들, 실망스러운 사람 등 직원들의 온갖 모습뿐만 아니라 많은 외부인과 만나며 경험을 쌓을 수 있었다. 때로는 내가 설계한 장치를 검사하느라 중소기업의 공장에서 밤늦게까지 일을 하기도 했다.

비록 새로운 장치를 설계할 때는 부담감도 크지만 내가 설계한 장치가 잘 작동될 때의 희열은 매우 컸다. 내 머릿속의 생각이 현실에서 구현되는 것을 보는 것은 공학도가 갖는 큰 행복이라 생각한다.

이런 과정을 겪은 후 부서장직도 맡았기에 내가 해야 할 일은 직장의 어려운 문제를 해결하고 후배 직원들을 도와주는 일이라 생각했다. 보직자가 된 후에는 국회를 찾아가 모욕적인 말들을 들으면서도 잘 설득하고 부탁하여 예산을 지켜냈다. 비록 난청도 생겨서 고생도 했고 가슴 아픈 일들도 있지만 다 좋은 경험이라 생각한다.

이러한 수많은 경험을 통해 나를 훈련시키고 성장시켜 준 내 직장에 대해 고마운 마음이 크다. 이제는 내가 겪었던 나쁜 일들을 후배들이 겪지 않도록 도와주고, 조금 더 효율적이고 즐겁게 일하는 직장이 되도록 도와주려 한다. 개인과 기관이 함께 발전하는 그런 직장이 되도록 힘을 보태야 하는 것이 내가 그동안 직장에서 받은 혜택에 보답하는 길이라 생각한다.

(3) 진형혜 변호사

진형혜 변호사는 SBS의 〈솔로몬의 선택〉이란 프로그램에도 출연한 유명한 스타 변호사로 내게는 늘 도움을 주고 있는 은인이다. 내가 처음 진 변호사를 만난 것은 2004년 법무법인 '화우'에서였다. 당시 첫 만남에서

진형혜 변호사와 함께

정말 실력이 있으면서도 성실한 변호사라는 강한 인상을 받았다. 재판에 대해 예상되는 상황에 대해 잘 설명해 줬는데, 그 예측대로 끝났다. 나는 이미 그때 그녀의 스마트함에서 그 스타성을 보았다.

그런데 얼마 후 당시 인기 있던 '솔로몬의 선택'이란 프로그램에 나와서 두각을 나타냈다. 다들 실력이 있는 변호사들이 출연했는데도 그녀의 탁월함이 현저히 두드러졌다. 스타 변호사가 되고도 성실하고 열심히 일하는 진 변호사의 모습에 감동하지 않을 수가 없다.

변호사들 대부분이 사건을 수임할 때만 의뢰인을 만나고, 수임 후에는 대부분 사무장이 일을 처리하고 의뢰인은 변호사를 직접 만나기도 힘들다. 그런데 진 변호사는 그런 적이 전혀 없다. 내 집안일과 관련하여 일을 맡겼는데 정말 일을 잘해 줬고 좋은 결과를 이끌어 냈다. 바쁜 일정 속에서도 늘 직접 일을 챙기고 빠른 시간에 의견을 보내 줬다.

심지어는 이메일이나 카톡으로 궁금한 걸 물어봐도 늘 성실히 답변해 준다. 진 변호사는 본인이 실력자이면서도 자신의 전문 분야가 아니면 관련 분야의 최고 실력자 변호사들을 소개해 준다. 정말 진 변호사의 '법무법인 GL(Good Lawyer)' 명칭에 걸맞는 좋은 변호사이며, 최고의 실력자이다.

이런 변호사가 함께 있다는 것 자체만으로도 내겐 큰 힘이 되고, 이런 분에게 법률 서비스를 받을 수 있다는 것은 큰 행운이 아닐 수 없다.

(4) 김홍권 감사님

김홍권 감사님은 2008년 내 직장의 감사로 오셔서 인연이 된 분이다. 2009년 이명박 정부의 출범 후 전 정권에서 임명되었다는 이유로 임기 중도에 그만두셨다. 김 감사님은 경찰 차장 출신으로 강직하고도, 따뜻

김홍권 감사님과 함께

한 리더십을 가진 분이다. 늘 조직인으로서 조직과 기관에 대한 주인의식과 애정에 대해 말씀해 주시고 자상한 리더십에 대한 많은 걸 일깨워 주셨다.

비록 불행하게 임기 중도에 그만두면서 갑작스럽게 곤경에 처하셨는데도 많은 사람이 찾아뵈었다. 나도 자주 찾아뵈었지만 많은 후배들이 찾아 뵙고 도움을 주며 따르는 모습이 참 좋아 보였다. 중간에 감사직을 그만뒀음에도 불구하고 재임 시는 물론 퇴임 후에도 우리 직장에 지속적인 관심을 갖고 도와주시려는 모습이 정말 존경스럽다.

나는 이분께 도움을 받을 거라고 전혀 생각 못 했고 도움을 청한 적도 없다. 그런데 어느 날 내가 속 썩었던 문제를 들으시고 너무나도 빨리 해결될 수 있도록 도움을 주셨다. 물론 감사님께는 작은 일일 수 있지만 나를 좋게 생각하지 않으셨다면 이런 일은 없었을 것이다. 내가 맏이라 형님이 없이 자란 때문인지 내게는 늘 편안한 형님이다. 최근 색소폰을 하시며 유튜브에 올리시는데 가족에 대한 사랑과 삶에 대한 열정이 존경스럽다.

(5) 함천주

함천주는 고교 동창으로, 오랫동안 고생하던 나의 이명을 크게 완화시켜 준 고마운 친구이다. 이명이 워낙 난치병이기에 쉽게 치료를 기대하기가 어렵다. 나는 몇 년간 온갖 치료에도 소용이 없어 고생하며 힘들어하고 있었는데 내가 친구에게 이런 도움을 받으리라고는 생각조차 하지 못했다.

이 친구의 치료법은 신기에 가까웠다. 이 친구는 근막통증 치료 전문가로서 그 복잡한 근육과 장기들의 연계와 몸에 나타난 현상을 꿰뚫고 원인을 정확히 찾아서 통증이나 증세를 완화시키는 전문가이다. 이 친구는 근막통증 치료도 잘하지만 늘 마음의 여유가 있고 삶을 즐기며 산다. 인생의 깊이가 느껴지는 이런 친구를 둔 것은 내게는 큰 기쁨이 아닐 수 없다.

(6) 정원명 선생님

정원명 선생님은 2001년에 만나 함께 15년을 함께 근무한 직장 선임자이다. 몇 년 전에 은퇴하셨는데 요즘 세상에서는 정말 만나볼 수 없는 좋은 분이다. 업무적으로는 본인이 맡은 일에 전문가로서 역할을 다하면서 언제나 후배들을 먼저 배려하며 뒤에서 편안한 울타리 같은 역할을 해 주셨다.

이전 부서에서 13년을 선임자들 때문에 마음고생이 많았던 내게 이분은 가장 이상적인 직장 선임자의 모습을 보여 주셨다. 내게 일을 떠넘기던 과거의 선배 직원들과는 전혀 다른 모습을 보여 준 것은 물론 사적으로도 많은 조언을 해 주셨다.

내가 각별히 감사하는 것은 이분 때문에 등산을 다시 시작할 수 있게 되어 내 삶이 바뀌게 되었다는 것이다. 나는 1990년의 교통사고로 무릎을 다쳐 아픈 데다가 1992년의 교통사고로 목과 허리를 다쳐서 등산은 엄두를 내지 못하고 있었다. 2002년 계룡산에 갔을 때 정 선생님은 내가 중도에 내려오려고 하자 만일 내가 견디기 힘들면 자신이 부축하고 도와줄 테니까 한 번 갑사를 넘어가 보자고 제안하셨다. 정 선생님의 제안으로 나는 용기를 내어 갑사를 넘어 등산을 무사히 마칠 수 있었다. 이렇게 내가 10년 넘게 포기했던 등산을 다시 하게 해 주셨다.

덕분에 나는 등산에 자신감을 갖게 되었고, 점차 등산을 늘리며 무릎의 통증도 많이 나아지게 되었다. 불과 몇 달 후부터는 설악산, 지리산, 한라산 등 매주 전국의 거의 모든 산을 다니게 되었다. 나중에는 직장 산악회원들과 함께 백두산 천지까지 다녀왔다.

등산은 교통사고 후유증으로 시달리던 내게는 꿈조차 꾸지 못했던 일이었는데 정 선생님 덕분에 이런 꿈도 이루게 된 것이다. 과거에 상사와 동료 직원들 때문에 스트레스를 받았던 직장 생활이 정원명 선생님 덕분에 즐겁게 일하는 생활이 되었기에 감사하는 마음을 잊을 수가 없다. 정말 함께 한 인연에 늘 감사하는 분이다.

(7) 오광석 사장

오광석 사장은 90년대 후반에 집안일로 만나게 된 분으로 내 인생을 소설처럼 만들어 주신 분이다. 나는 이분을 생각하면 결초보은(結草報恩)이란 말과 인생은 평소에 잘 살아야 한다는 것을 깨닫게 된다.

나는 1990년대 후반 집안일로 제법 큰 돈을 벌 기회가 있었다. 그런데 내 지인이 내게 말도 없이 나 대신 돈을 받고 이분에게 일을 진행시키고 있는 것을 발견했다. 나를 속인 그 지인은 그 돈을 챙기고 도망치듯 떠나갔다. 내가 권리를 주장하면 오 사장은 내 지인에게 지급한 돈을 날리거나 내게 돈을 줘야 하는 상황이었다.

그렇지만 그분에겐 잘못이 없었기에 나는 내 지인이 저지른 일을 대범하게 수용하고 내가 받아야 할 돈을 포기하고 그가 아무 손해가 없도록 해 주었다. 그는 내게 감사하다고 말했지만 나는 그가 먼 훗날 나를 도와줄 것이라고는 꿈에도 생각하지 못했다.

이 일이 있고 난 후 까맣게 잊고 지냈는데, 10년이 훨씬 지난 어느 날 정말 생각지도 못한 큰 도움을 주셨다. 예전에 내게 매우 좋은 인상을 가졌었는데 내가 곤란한 일을 겪는 것을 우연히 알게 되었다며 자신이 나서서 문제를 해결해 주겠다고 연락이 왔다.

비록 누군가 내게 도움을 받았어도 잠시는 고마워할 수 있지만, 도움을 준 나도 잊고 있었던 일을 잊지 않고 있다가 10년이 훨씬 지난 훗날 보답하는 건 쉬운 일이 아니다. 각박한 세상에 손해를 감수하며 자신을 이해해 준 내가 정말 고마웠다며 나를 크게 도와준 것이다. 내가 당시에 이분에게 좋지 않은 인상을 주었다면 내게 그런 도움을 주지는 않았을 것이다. 나는 이 일을 겪으며 정말 더 잘 살아야겠다는 생각을 하게 되었다.

(8) 그 외 많은 분들

나의 박사학위 실험을 도와주신 선문대학교 김용 교수님을 잊을 수 없다. 보통은 도움을 받을 사람이 찾아가게 마련인데 이분은 내가 있는 곳까지 찾아와 무엇을, 어떻게 도와주면 되겠냐고 하셔서 나를 깜짝 놀라게 하셨다.

윤병기는 늘 고맙게 생각하고 아끼는 동생이다. 내가 만난 가장 성실하고 친절한 공무원이다. 내가 문제가 많은 사람에게 골탕 먹지 않도록 조언을 해 줘서 인연이 되었다. 오랫동안 내게 많은 조언과 도움을 준 고마운 마음은 잊을 수가 없다.

고교 동창 친구인 김희광도 내게 잊지 못할 큰 도움을 줬다. 어느 날 우연히 내가 속상하던 일을 알고서 곧바로 해결될 수 있게 해 줬다. 정말 절묘한 타이밍에 큰 도움을 준 이 친구를 생각하면 평소에 잘 살아야겠다는 생각을 더욱 다지게 된다.

이중희 고교 선배와 함께

직장 동료였던 이중희 고교 선배는 전문성과 인간성 모두 최고인 가장 존경하는 분이고 늘 나를 응원해 주는 고마운 분이다. 늘 편안하게 조언해 주시는 박근배 박사님, 늘 나를 믿고 응원해 주는 이진호 후배, 모교 부총장을 한 최재봉 교수도 늘 고마운 사람들이다.

미국 아이다호의 혹한 속에서 새벽에 출근하며, 파견생활을 함께 한 이효직 박사, 이상권 박사, 윤달성 박사 및 아이다호 연구소의 유태식 박사, 윤수종 박사, Steve Warmman에게도 깊은 감사의 마음을 갖고 있다.

나를 믿고 보직자로 기용하셔서 리더십을 발휘할 수 있도록 기회를 주신 김종경 원장님, 박원석 원장님께 대한 감사한 마음은 말로 다 표현하기 어렵다. 핵연료주기 분야의 미래를 이끌어 나갈 성실성과 실력을 함께 갖춘 박정용 단장, 이효직 부장, 류재수 부장, 이창화 박사, 남효온 박사에게도 늘 고마운 마음이다. 나는 어려운 상황들을 헤쳐 나가기 위해 헌신하는 이들을 늘 응원하고 있다.

사용후핵연료 관련 좋은 특별법을 만들려고 애써 주신 교수님들과 김영식 국회의원 및 김성은 보좌관, 중요한 예산 문제로 많이 힘들 때 도와주시고, 명문고를 못 나온 나의 아쉬운 마음을 아주 편안하면서도 잘 위로해 주시며 응원과 조언을 해 주신 맹성규 국회의원께도 깊이 감사하는 마음이다.

비록 이 책에 언급하지 않았어도 내 마음속의 고마운 분들이 헤아릴 수 없이 많다. 지금도 많은 분들이 나를 믿고 응원해 주고 계시기에 고마운 분들은 앞으로도 더 많이 있을 것 같다. 내가 각별히 감사하게 생각하는 것은 그분들께는 작은 호의였을지라도 내게는 엄청나게 큰 힘이 되었기에 그분들이 주신 도움이나 호의의 크기에 관계없이 고마운 것이다.

이런 분들을 겪으며 좋은 사람들의 공통적인 특징은 마음이 따뜻하고 나름대로 자신의 분야에서 상당한 실력과 선이 굵은 리더십을 갖고 있다는 것이다. 작은 이익을 추구하며 사람을 이용하거나 배신하는 사람들과는 전혀 다른 삶의 모습을 보며 늘 이들의 좋은 면을 배우고자 노력하고 있다.

18

단전호흡과 나의 인생

　단전호흡은 내 인생에서 가장 소중하게 여기는 것들 중 하나라고 말할 정도로 내 인생에 큰 영향을 주고 나를 많이 변화시켜 주었다. 공학도로 바쁘게 살아온 내가 단전호흡을 한다는 것도 쉽지 않은 일이지만, 오랫동안 하고 있다는 것은 그만한 가치가 있기 때문이다. 1995년 6월 29일 '한당선생의 석문호흡'이란 단전호흡을 만나 20년간 수련을 하였다. 단전호흡이 주는 가장 큰 가치는 자신의 내면을 들여다보며 진정한 삶의 의미와 자신의 존재에 대한 큰 깨달음을 준다는 것이다.

　나는 1990년, 1992년 두 번의 교통사고를 당했다. 두 사고 모두 뒤에 오던 운전자의 부주의로 내 차를 뒤에서 정면으로 박았다. 첫 사고에서는 무릎을 다쳐 고생했는데, 두 번째 사고 후에는 목과 허리에 통증이 너무 심했다. 1995년 여름, 사고 후유증으로 3년 이상을 절망 속에서 아파하던 상황에서 지인의 권유로 단전호흡을 시작하게 되었다.

　당시 나는 정형외과, 한의원, 접골원 등을 전전해도 아무 소용이 없었기에 단전호흡에도 아무 기대를 하지 않았다. 나는 아무런 대안도 없기에 도대체 단전호흡이 뭔가 하는 생각으로 수련을 시작하였다. 도장에 누워서 눈을 감고 숨을 쉬는데 내 마음속에 온갖 분노와 절망이 가득한 것을 알게 되었다. 이게 내가 단전호흡을 본격적으로 하게 된 계기가 되었다. 하루에 단 5분만이라도 마음을 편안하게 해 보자고 생각했다.

처음에는 단전호흡 하는 사람들을 보며 도대체 숨쉬기 운동을 해서 뭐 하자는 것인가 하는 회의감이 컸지만 단지 마음만이라도 가라앉히자는 것이 내 목표였다. 아무 기대도 없이 가서 눈감고 숨 쉬는 게 전부였다. 석 달이 지날 무렵 단전에서 무엇인가 아른한 에너지 같은 게 느껴졌다. 이게 뭔지 좀 더 알아보자는 생각이 나를 한 달, 두 달 도장에 계속 다니게 하였다.

나는 단전에 모이는 강한 기운을 느끼며 운기(運氣)를 시작하면서 본격적으로 수련에 매진하게 되었다. 단전에 축기를 해서 대맥, 소주천, 대주천 경락을 운기 하면서 건강도 회복하고, 본격적으로 수련에 정진하며 많은 내면의 변화를 겪게 되었다.

바쁘고 정신없는 현실을 살면서도, 내면에는 평온함과 당당함을 가질 수 있다는 것은 단전호흡이 주는 가장 강한 힘이다. 복잡한 일상을 잠시 접고, 조용히 눈을 감고 흐르는 시냇물 소리를 들으며, 한 호흡 한 호흡 정성을 다해 호흡하면서 단전에 기를 모으며 평온함을 찾았다. 진기가 모이는 강한 열감과 냉감이 교차되는 기감을 만끽하며 광활한 대 우주 속의 평온함 속으로 들어가는 이 수련을 만난 것에 감사하며 도인의 삶을 살아가고자 했다.

단전에 느껴지는 강한 기운, 허리띠 둘레를 강력한 음양의 기운으로 찬 밀도가 높은 액체에 감긴 느낌이 드는 대맥 수련, 청량한 물로 온몸 내부를 샤워하는 느낌을 주는 온양수련은 환상적이었다. 섬세한 기운들이 전신을 뚫고 들어와 단전에 모였다가 온몸을 채운 후 몸 밖의 공간으로 퍼져 나가며 내 몸의 피부부터 내면의 장기들까지 모두 흩어지고 사라져 가며 궁극적으로는 내 몸 자체가 우주공간임을 알게 해 주는 귀일법도 감동이었다. 좋고 나쁜 모든 걸 다 녹여 내는 용광로가 되는 것 같은 기화신을 마치고 내면의 공간을 본격적으로 수련해 가며 자신을 찾아가는 양신수련은 수련을 해 본 자만이 알 수 있는 것이다.

단전호흡의 가치는 단순한 축기와 운기뿐만이 아니라 내 안의 우주를 발견하게 되고 내가 곧 우주임을 알게 해 준다. 또한 자신이 누구인지에 대해 실마리를 찾게 해 주는 보통 사람들이 전혀 상상할 수 없는 세계로 들어서게 한다. 단전호흡의 가장 큰 장점은 이론 강의를 듣고 이해하는 것이 아니라 호흡과 집중 속에서 자신의 의식을 그대로 갖고 자신의 무의식 세계를 만나며 스스로 깨달아 간다는 것이다.

나는 단전호흡을 하면서 일반 회원 가운데는 고수의 수련단계에 가장 먼저 이르렀지만 수련을 중도에 그만두었다가 다시 시작했어야 했다. 고수 단계로 들어서니 수련 시간이 더 많아져야 했고 직장 일도 소홀히 할 수 없었기 때문이다. 직장을 그만두고 수련에 전념하고 싶은 마음도 컸지만, 자식의 졸업과 결혼도 남아 있기에 아내의 반대를 외면할 수 없었다. 내 인생에 주어진 숙제와 의무를 다하고 나서 편안한 마음으로 수련에 전념할 예정이다.

나는 수련을 하다가 엉뚱하게도 노조 일을 하게 되었다. 그것은 내가 교통사고 후유증으로 고생할 때 건강만 회복하면 봉사하며 살겠다는 다짐과 진정한 도는 조용한 도장에서만 닦는 게 아니라 온갖 사람들이 북적대는 시장통에서도 닦을 수 있어야만 한다는 생각 때문이다. 노조 때문에 직장이 엉망이 된 것을 외면하기가 어려웠다.

나는 수련하면서도 함께 수련하는 도반들이 수련의 맥을 잘 짚고 정진하도록 조언을 아끼지 않았다. 대전의 회원뿐만 아니라 주말에는 충남, 충북 회원들의 수련을 지도하기도 했다. 보이지 않는 길을 찾아서 가는 수련의 길이 쉽지 않기 때문이다. 어려움 속에서 길을 찾고, 보이지 않는 것을 보고 느낄 수 있게 되는 순간부터 수련을 정말 즐겁게 할 수 있기 때문이다.

서로 시기하고 바쁘게 살아가는 이 세상에서 단전호흡은 마음을 평온하게 하고, 당당하고 자신감 있게 살 수 있게 한다. 수련의 완성 여부를 떠나 배우고 닦으며, 마음을 비우고 채우기를 자유롭게 하는 것 자체가 일반인들이 잘 상상하거나 느낄 수 없는 큰 기쁨일 것이다.

단전호흡은 내 인생을 송두리째 바꿔 놓았다. 삶의 차원이 완전히 바뀌었다고 해도 과언이 아니다. 비관과 좌절을 행복과 감사함으로 바꿔 놓았고, 긍정적 생각을 하게 해 줬다. 세상을 보는 눈을 뜨게 해 줬으며 진정한 자아를 찾게 해 줬기에 누구든 인생의 진정한 의미를 알고자 하는 사람은 꼭 해 보라고 권하고 싶다.

여기 나의 2004년 2월의 기화신 수련일지 일부를 옮겨 본다.

> 온몸에 청량한 기가 가득하면서, 마치 곤충이 허물을 벗듯이 온몸과 마음을 닦아내는 느낌이 든다. 청량한 기운이 다시 뜨거운 물로 가득한 듯 느껴지고, 열기가 퍼져 나가며 몸의 경계가 사라지며, 몸과 마음이 지극히 평온하다. 뜨거웠던 기운이 다시 청량한 기운으로 바뀌고 몸 밖으로 퍼져 나가며, 몸과 마음이 편안하고 감동이 밀려왔다. 잡념이 많이 소화가 됐는지, 용광로처럼 들끓던 중단전이 조금 편해지고, 온몸은 촉촉이 가라앉는 느낌과 함께 평화로움이 몰려든다.

> 마치 캄캄한 한 밤에 격랑의 파도를 헤치고 살아남아 파도가 잠든 잔잔한 바다에서 해가 뜨려는 동녘의 바다로 차분히 배를 몰고 가는 느낌이다.
> 청량한 기운이 온몸을 점점 녹여 없애고, 호수 같은 잔잔한 바다와 하나가 된 느낌이다.

2004년 5월 하순 기화신 수련이 끝날 무렵, 나의 내면에서 시가 떠올랐다.

> 답답하고 무거운 구름을 뚫고 하늘로 솟아오르니
> 하늘은 한없이 맑고 깨끗하다.
> 집착과 상념들을 벗어 버리니 거침없이 맑고 가볍다.
> 나는 홀로 고고히 서서 그 맑음과 거침없음을 즐거워한다.

2004년 6월, 사부로부터 청천(淸天)이란 도호를 받았고, 양신수련을 시작하였다. 이 단계의 수련 얘기는 이 책에 담지 않는다. 이때 수련을 하던 단체는 오래전에 그만뒀으며, 어떤 단체를 알리려는 의도는 전혀 없다.

19

골프

    나는 2011년 말 골프를 시작하였다. 2012년 서울대 AIP 과정에 들어가며 원우들과 어울리려면 골프를 배워야 한다기에 갑작스럽게 골프를 배우게 되었다. 10년 넘게 플레이를 했어도 아직 보기플레이어 수준이지만 골프는 재미있으면서도 여전히 많이 어렵다.

    왼손잡이인 나는 골프의 특성상 오른손잡이로 치는 게 좋겠다는 친한 선배의 권유로 오른손으로 배우게 되었다. 몇십 년을 왼손잡이로 야구를 해왔던 내가 오른손잡이로 바꿔서 낯선 운동을 시작하는 것은 내게는 매우 힘든 도전이었다.

    야구를 즐겼기에 가만히 있는 공을 치는 골프가 뭐 어렵겠냐고 생각했지만 내 생각대로 쉽지는 않다. 2016년 두 번의 78타를 기록하며 싱글을 했고, 2017년 라베 76타를 기록했다. 하지만 안타깝게도 2018년 4월 자전거를 타다 넘어져 갈비뼈 3개가 부러지고, 3개에 금이 가는 부상을 입고 골프를 중단하게 되었다. 한동안 공백을 갖다 보니 골프의 맥을 놓쳤고, 아직도 다친 부위가 불편하게 느껴지기는 하지만 꾸준한 재활을 통해 80타 중반대를 치고 있다.

    비록 골프가 쉽게 늘지는 않고 내 마음대로 되질 않지만, 나의 부족함을 느끼게 해 주기에 좋은 운동이며 그래서 더욱 의미가 있다. 내가 부족하다고 느끼는 것은 내게는 극복해야 할 과제이기에 즐거운 마음으로 끊임없이 노력하고 싶다. 바쁘게만 살았던 내가 좋은 사람들과 어울려 즐겁게 운동할 수 있다는 것에 감사하기에 골프는 중년의 나이에 충분히 즐길 만한 것이라 생각한다.

20

나의 후회들

누구라도 그렇겠지만 나 또한 후회되는 많은 일들이 있다. 환갑이 넘어 60대 중반인 지금까지의 내 삶은 어린 시절 내게 주어졌던 환경들을 고려할 때 정말 상상도 할 수 없을 정도로 잘살고 있는 것이기에 감사하는 마음이 앞서지만 후회되고 반성하는 일도 많다.

가장 큰 후회는 어렸을 적에 동생들과 주변 사람들에게 따뜻하게 해 주지 못한 것이다. 할아버지가 돌아가신 후, 빈농의 아들로 살게 되며 마음의 여유는커녕 나의 어린 마음에 상처가 많았기에 동생들은 물론 나 자신에게도 편안한 마음을 갖기 힘들었다. 나를 만났고 나를 스쳐간 사람들에게 따뜻하고 여유로운 모습을 보여 주지 못한 것이 후회가 된다.

두 번째 큰 후회는 공고에서 이게 아니라고 생각하면서도 자퇴하지 못하고 졸업할 때까지 견디며 그 나이에 겪지 말았어야 할 온갖 험한 꼴을 당하고 지금까지도 아픈 상처를 남긴 것이다. 비록 지금은 오히려 공고를 졸업한 것이 내 인생에는 큰 도움이 되지만 이런 큰 시련을 겪지 않고 비슷한 수준의 친구들과 경쟁하며 열심히 공부하고 졸업했으면 하는 아쉬움이다. 내가 인문계를 졸업하고 명문대에 가지 못해서가 아니다. 친구들과 즐겁게 경쟁하며 공부해 보지 못하고 혼자 튀는 위치에서 겪어야만 했던 고통과 외로움에 대한 아쉬움 때문이다.

세 번째 후회는 대학에 들어가서 방황하면서 공부를 안 했던 일이다. 비록 군 복무 후 개과천선해서 우수한 성적으로 장학금도 받고 연구소에도 들어왔지만 조금 더 일찍 철이 들고, 조금 더 성실하게 노력했다면 아버지께 조금 더 효자가 되었을 텐데, 오토바이나 사달라고 떼를 쓰고 F 학점이나 받아 아버지께 실망을 드린 점은 평생 후회가 된다.

물론 고교 3년이 내게는 너무나도 큰 아픔이었기 때문에 지금 내 나이에 생각해도 충분히 아파하고, 방황할 수 있는 일이었지만 과묵하시고 나를 전적으로 믿어 주셨던 아버지 마음을 아프게 했던 게 나를 가슴 아프게 한다. 그래도 내게 화를 안 내셨던 아버지께 늘 무한하게 감사하는 마음으로 살고 있다.

나이가 들어서도 사람을 잘못 본 실수들도 크게 후회가 된다. 작은 일 앞에 욕심에 눈이 멀어 배신하고 일을 망치는 이들을 많이 봤다. 나를 소장으로 임명하신 박원석 원장님은 퇴임 후 요즘도 종종 뵙는데 늘 나를 놀리신다. 자신이 기관장으로서 가장 잘한 일은 나를 소장으로 발탁한 일인데, 어떻게 나는 그렇게 사람 볼 줄 모르고 엉뚱한 사람을 추천했냐고 놀리신다.

정말 부끄럽기만 하다. 박사란 자들이 그렇게까지 수준 이하일 거라 상상도 못 했다. 내가 정말 사람 볼 줄을 모르는 것 같다. 비록 최소한의 기대마저 저버린 그 사람들의 문제이지만 결과적으로는 그런 사람의 바닥을 못 본 나의 실수이다. 비록 후회는 되긴 하지만 그래도 아직은 사람을 긍정적으로 보고 싶다는 마음이다.

이 밖에도 많은 후회가 있지만, 이 모든 게 내가 만든 결과이기에 누구를 탓할 일도 아니고 그냥 가슴속 깊은 곳에 아쉬움으로 남을 뿐이다. 다만 이제부터라도 남은 인생은 후회하지 않도록 살고자 노력하고 있다. 후회보다도 후회를 다 덮도록 더 좋은 일을 만드는 일에 힘을 쏟으며 더 나은 삶을 살아가고자 한다.

제 2장

에피소드

1
전화위복

 나는 신의를 매우 중요하게 생각한다. 인간관계의 기본이기 때문이다. 그런데 내게 도움을 받던 주변의 지인들에게 속거나 기만당한 일들로 가슴이 아팠던 일들이 많았다. 그들의 배신과 속임은 불필요한 인연을 정리하게 했고, 훗날 일이 더 잘 되게 하는 반전의 계기가 되었다. 나쁜 일이 오히려 내 행복의 발판이 되었기에 내 인생 제일의 키워드는 '전화위복'이라 말해도 과언이 아니다.
 나와의 약속을 어기고 나를 배신한 사람들 덕분에 나는 새로운 돌파구를 찾게 되었고, 자유롭게 새 길을 선택할 수 있었기에 그야말로 전화위복인 것이다. 반대로 그들이 내게 약속을 지키고 있었다면, 나는 아직도 새로운 도전을 하거나 발상을 전환해 새로운 길을 가지 못하고 그 자리에 그대로 있었을 것이다. 나를 속인 사람들 덕분에 법률도 공부하게 되었고 오늘날 좋은 일들을 만드는 계기가 되었다.
 이와는 반대로 내가 아무 생각 없이 자그마한 배려를 해 줬던 사람들에게 훗날 큰 도움을 받는 일들이 많았다. 내가 무엇을 바라고 한 일도 아니고 좋게 보이려 한 적도 없는데 나를 좋게 봐주는 것은 기대하지 못한 일이다. 그런데 그런 이들이 내게 생각하지도 못한 큰 도움을 주는 일이 많았다.

내가 집안일로 꽤 큰 돈을 벌 수 있는데도 불구하고, 한 푼도 받지 않은 일이 있다. 내 지인이 나를 속이고 몰래 일을 벌인 탓이지 그분의 잘못이 아니었기 때문에 그 사람에게 아무것도 요구하지 않은 것이다. 그 사람은 나의 태도와 결정에 크게 고마워했지만, 난 그에게 아무 생색도 내지 않았었다. 그런데 그 사람이 그 이후 약 10년이 지난 어느 날 내게 전혀 생각도 못 한 큰 도움을 주었다. 물론 금전적인 도움은 아니었지만 돈으로 환산할 수 없는 큰 도움이었다.

이런 경험을 통해 정말 매사에 감사하며 인생을 잘 살아야겠다고 다짐하게 된다. '삼인행필유아사(三人行必有我師)'란 말처럼 나를 스쳐 가고, 내게 머문 모든 사람이 모두 다 내 인생의 스승이 되어 나를 행복하게 해 주고 있다. 좋은 분들은 물론 나를 이용하고 배신한 사람에게도 늘 감사하는 마음으로 산다.

나는 지금 내가 꿈꾸었거나 원했던 것보다 훨씬 더 나은 삶을 살고 있다. 이런 오늘이 있는 것은 어쩌면 나를 배신한 사람들 때문이란 생각에 웃음이 나온다. 이상하게도 나를 골탕 먹이거나 나를 배신한 사람으로 인해 내게 좋은 전환점이 된 일이 많기 때문이다.

나를 속이고 뒤에서 몰래 이득을 얻은 사람들은 자신의 잘못을 알고 있기에 스스로 다시 돌아오지 못한다. 내게 이득을 얻었지만, 그걸로 끝이다. 다시 와서 무엇을 부탁할 수 없는 상황에 빠져 그들 스스로 내게 귀찮은 일이 없도록 해 주었다. 내게 얻을 수 있는 게 더 많았을 수도 있을 텐데, 그야말로 소탐대실인 것이다.

직장에서 내 실장님은 내 선임자에겐 공부하도록 배려해 주고, 내게는 선임자들의 일을 포함해 더 많은 일을 시켰다. 나는 많은 장치의 설계, 제작, 인허가, 현장 투입 및 건설 등 다양한 일을 했다. 편파적으로 내게 주어진 과중한 업무에 힘들고 화도 났다. 그런데 알고 보니 이런 일들이 내겐 정말 소중한 훈련이 되었다. 내가 어떤 일도 두려워하지 않고 자신감 있게 일할 수 있게 나를 성장시켜 주었다.

직장에서 잘 나가는 사람이 노조 간부를 하는 경우는 매우 드물다. 또한 노조 간부를 한 사람들은 정상적으로 일상에 잘 복귀하지 못한다. 노조 간부를 하면서 찼던 완장의 늪에서 빠져나오지 못하기 때문이다. 노조 간부가 경영진에게 함부로 대해 안 좋은 인상을 주는 경우가 많다. 그래서 노조 간부를 했던 사람들이 노조 일을 그만둔 후 보직자가 되는 일은 거의 불가능하다.

나는 대의원도 했었지만, 노조 일을 잊고 연구원으로서 열심히 일하던 중에 노조 지부장에 출마하였다. 나는 부서에서 문제없이 잘 지냈고 과제책임자로 내정이 된 상태라 노조 지부장에 나서는 게 쉽지 않은 일이었다. 노조 지부장을 하면 연구책임자나 경영진으로서의 길은 없다고 봐야 했기 때문이다. 그러나 당시에는 집행부에서 만든 급여제도의 오류 때문에 직원들의 불만과 갈등이 매우 심각한 상황이었기에 이를 외면하기 어려웠다. 봉사하며 살겠다고 다짐했던 일을 떠올리며, 출마하게 된 것이다. 나는 노조 지부장을 하면 제대로 된 노조를 만들겠다고 생각했고 이를 결과로써 만들어 냈다.

지부장이 되어 많은 문제점을 해결하고 제도를 개선하고, 직원들에게 좋은 평가를 받은 것은 나름대로 보람이 있었다. 내가 더 기쁘게 생각하는 것은 좋은 사람들을 잘 발탁하여 팀워크를 통해 좋은 성과를 냈기 때문이다.

그럼에도 나는 노조 지부장을 했기에 보직자의 길은 없다고 생각했는데 몇 년 후에 보직을 맡게 되었다. 아이러니하게도 당시 기관장은 내가 노조 지부장을 할 때의 리더십을 보고 보직자로 발탁하였다고 하니 세상사는 전화위복인 것 같다.

또한 나와 친하게 지내다가 자신이 어떤 자리를 얻은 후 거짓말로 내게 누명을 씌운 자들도 있다. 그들은 내가 이제는 별 볼 일 없다고 생각하고 자신의 더러운 면을 보여 줬다. 나는 그들을 욕하기보다는 안타깝고 고맙게 생각한다. 내게 얻을 게 더 많다는 걸 알았다면, 그들은 아직 자신의 본모습을 숨기며 내게 친한 척하고 있었을 것이다. 다행히 이제 내가 더 이상 속지 않게 해 준 것이 정말 고맙다.

우리는 한 치 앞을 보지 못하는 인생을 살고 있다. 물론 자신에게 필요하거나 도움이 될 만한 사람을 찾아서 잘 보이려고 하고, 반대로 별 도움이 안 될 만한 사람들을 피하려는 요즘 세태는 이해할 수 있다. 그러나 삶은 그렇게 자기 계산대로만 되는 세상이 아니다.

자신이 아무리 머리가 좋은 거 같아도 세상은 머리 굴리는 대로 가는 것은 아니다. 삶은 요령으로 사는 것이 아니라 신의가 있고 가슴이 따뜻해야 한다. 세상은 머리만으로 살아가는 게 아니라 가슴으로 사는 것이다. 조금 미련한 것 같아도 성실하고, 신의를 지키며 사는 사람에게는 반드시 좋은 일이 오는 것이다.

2
우물

 나는 초등학교 3학년 때부터 마을 공동 우물에서 물지게로 물을 길어 왔다. 어머니께서 우물물을 길어 오시는 게 힘들어 보였기 때문이다. 내가 한번 도와드려야겠다고 생각하고 물지게를 진 게 계기가 되어 물을 길어 오기 시작하게 되었다.
 내가 살던 곳은 언덕진 비탈에 20여 채의 집들이 옹기종기 모인 작은 마을이었는데, 우리 집은 언덕 위쪽에 있었고 마을 공동우물은 마을 아래쪽에 있었다. 그런데 우리 바로 옆집에는 대문 안에 단독 우물이 있었다. 어머니는 옆집 우물에서 가끔 물을 길어다 먹었지만, 주로 마을 아래에 있는 공동우물로 가셨다.
 나는 마을 공동우물에서 물지게를 지고 언덕길을 올라오는 것은 힘들었기에 굳이 공동 우물까지 갈 일이 아니라는 생각에 옆집 우물에서 물을 길어 왔다. 한 지게를 길어다가 부엌의 물독에 부은 후 물통을 지고 다시 옆집에 가서 두레박을 우물에 담갔다.
 도르래의 줄을 당겨 물을 퍼 올려 물통에 물을 거의 다 채워 갈 무렵 옆집의 내 또래의 여자애가 "쟤네는 우리 집 우물 파는 데 아무것도 도와준 것도 없으면서 자기 집 우물처럼 물을 갖다 먹네"라며 빈정거렸다.

그 말을 듣는 순간 나는 심한 모욕감에 동작을 멈췄다. "그래. 미안하다. 내가 모르고 너희 집 물을 갖다 먹었는데, 다시는 안 먹을게"라고 말하고, 거의 다 채워진 물통을 들어 우물에 거꾸로 다 쏟아붓고 그 집을 나왔다.

그때부터 나는 언덕 아래에 있는 마을 공동우물에 가서 물을 길어 왔다. 어린 나이에 물지게를 지고 언덕길을 오르는 것은 힘들었지만 자존심을 상해 가며 옆집에서 물을 얻어먹을 수는 없는 일이었다. 나는 힘들다는 생각보다는 자존심이 상한 마음이 나를 힘든 물지게도 견딜 수 있게 했다.

할머니를 모시고 부모님과 5남매가 먹고 살다 보니 물이 꽤 많이 들었다. 게다가 돼지죽을 주기 위해서도 물이 꽤 많이 필요했다. 물론 농사일로 지게질을 한 덕분이기도 하겠지만 이때 물지게를 지고 언덕을 오르던 게 오늘날 내 다리의 근육을 만든 기초가 된 것이 아닌가 생각된다.

이렇게 매일 몇 번씩을 마을 공동우물을 다니다 보니 우물에서도, 언덕길에서도 동네 아줌마들을 마주쳤다. 마주치는 아줌마마다 내가 어려서인지 기특하다며, 그런데 왜 옆집에 우물이 있는데 여길 오냐고 물었다. 그럴 때마다 나는 "저는 그냥 여기가 좋아요"라고 답하며 별다른 말을 안 했다. 자존심 때문에 차마 옆집에서 먹지 말라고 한다고 말할 수가 없었다.

그러던 어느 날 옆집 누나가 날 찾아왔다. "얘, 너 왜 우리 집 우물물 안 먹고 공동우물에 가서 물을 길어 오니?"라고 묻기에 나는 동네 아줌마들에게 답한 것 같이 "저는 그냥 공동우물이 좋아요"라고 답했다. "누가 우리 집 물 먹는다고 네게 뭐라고 했니?" 나는 "아뇨"라고 태연스럽게 답했다. 그 누나는 거듭 물었지만 똑같은 내가 더 이상 답을 안 하니 알았다며 집으로 돌아갔다.

그런데 잠시 후 그 누나는 내 또래의 그 여자애를 데리고 우리 집에 다시 왔다. "얘, 네가 잘못했다고 사과해"라고 자기 동생을 야단쳤다. 걔는 내게 기어들어 가는 목소리로 "내가 잘못했어. 미안해!"라며 사과했다. 나는 딱히 할 말도 없기에 그 누나와 걔를 물끄러미 쳐다봤다.

그 누나는 "정말 누나가 부탁하는데 앞으로는 누구도 아무 말 안 할 테니 제발 우리 우물물 길어다 먹어!"라고 부탁했다. 나는 마지못해 "알았어요"라고 대답했다. 그러나 나는 그날도, 다음 날도 옆집에 가지 않았다. 곧바로 가기엔 나의 자존심에 난 상처가 컸기 때문이다. 며칠 후부터 나는 당당히 옆집 우물물을 길어 왔고 아무도 뭐라고 하지 않았다.

나중에 알게 된 일인데, 어린 내가 옆집 우물을 놔두고 언덕 아래의 마을 공동우물에서 물을 길어다 먹는 걸 보면서 동네 아줌마들 사이에 옆집 인심이 사납다는 입소문이 퍼졌고, 그 누나가 그 소리를 듣고는 놀라서 사태를 파악하고는 해결에 나선 것이었다.

내가 초등학교 3학년 때인 어린 시절의 일이었고, 내 자존심이 상해 생긴 일이었다. 만일 내가 옆집 애에게 물을 얻어먹자고 굽신거렸다면, 나는 비록 몸은 편했을지는 모르겠지만 계속 눈치를 보면서 물을 길어다 먹어야 했을 것이다. 어린 나이에도 그건 받아들일 수 없었다. 자존심이 상하는 것보다는 몸은 힘들어도 마음이 편한 길을 택한 것이 전화위복이 되어 당당하게 옆집 우물물을 길어다 먹게 된 것이다.

누가 내게 가르친 것도 아니고 의도한 것도 아니지만 내겐 재미있는 추억이다. 때로는 힘든 길이라 하더라도 자존심을 지키며 사는 것도 괜찮다고 생각한다. 아마 이 어린 나이에도 나를 지키며 사는 것에 대한 개념이 이미 시작된 게 아닌가 생각이 든다.

3
공책

초등학교 1학년 때의 일이다. 아버지께서는 농한기에 인천항에 가서, 배에서 짐을 내리는 일을 하셨다. 아버지는 노동의 대가로 노임 외에 구호물자로 들어온 헌 옷이나 전지 크기의 종이 등을 받아 오시기도 했다. 집이 가난하여 한 푼이 아쉬운 상황이었던 데다가, 아버지께서는 집에 얻어 온 종이가 있기에 공책을 만들어 주셨다. 큰 종이를 재단하고 일일이 칸을 그려서 만든 그야말로 단 하나밖에 없는 수제 공책이었다.

당시 국어 공책은 세로 쪽 줄 수는 모르겠지만, 가로로 10칸 정도로 띄어쓰기를 위해 바둑판 모양의 칸이 있었다. 어느 날 이정희 담임선생님이 공책 검사를 하던 중에 내 공책을 보더니 집어 들고, "이게 공책이니?"라면서 그 공책으로 내 머리를 때렸다. 앞으로 나가 교단에 누워 발을 들게 하고, 막대기로 발바닥을 때렸다.

자식도 있을 여선생님이 나이 어린 초등학교 1학년생인 나를 너무나도 모질게 때린 게 너무나도 가슴 아팠다. 아버지가 정성껏 만들어 주신 공책을 갖고, 야단치며 때리는 선생님을 이해힐 수 없있다. 공책이 그 내용이 중요한 것인데 그렇게 취급하고, 나를 그렇게 때려야 했는지 지금까지도 이해할 수 없는 일이다.

비록 가난하던 시절, 어린 나이에 당한 수모였지만 나는 이런 사람은 교사가 되어서는 안 된다는 생각이다. 이 선생의 이름은 50년도 지난 지금도 잊혀지지 않으니, 정말 가슴 아픈 일이다. 나는 지금도 아버지가 만들어 주신 이 공책을 감사하게 생각한다.

4
사즉생

할아버지가 돌아가신 후, 어린 나에게 갑작스럽게 주어진 가난이란 환경은 내게서 웃음이 사라지게 했다. 나는 어린 나이에도 이런 상황이 싫어서 누구에게도 쉽게 말하지 않게 되었다. 늘 과묵하게 지내다 보니 건방지다는 오해를 받은 면도 있었다. 내가 자만하거나 무엇을 내세운 것도 없는데, 남들이 나를 건방지다고 생각하면 그건 할 수 없는 일이다.

내가 남에게 강하고 건방지게 보인 이면에는 나의 아픔과 상처를 감추려는 면이 컸던 것 같다. 나의 내면에는 따뜻하고 섬세한 면이 있어도 남들에게 상처받고 싶지 않았던 마음이 있었기 때문이다. 학교에서 돌아오면 이런저런 집안일을 다 맡아서 했고 육체적으로도 힘들기에 즐겁게 웃을 일도 없었다.

고등학교 1학년 여름밤의 일이다. 저녁을 먹고 책상 앞에 앉아 쉬던 중, 창밖에서 양해목이란 친구가 불러서 밖으로 나갔더니 동네 선배들 셋이 나를 둘러싸고 다른 데로 좀 같이 가야겠다고 했다. 순간 나는 선배들이 나를 때리려고 이 친구를 시켜서 몰래 불러낸 것임을 알았다.

양해목은 체격이 작은 편이었는데 건강이 안 좋아서 중학교를 졸업하고 1년을 쉬었다가 고교에 진학했다. 그래서 그는 이들 1년 선배들과는 중학교 동창이었고, 나와는 고등학교 동창이었다. 그런데 동네 선배들은 나를 불러내기 위해 이 친구를 이용한 것이다.

친구가 불러내서 나왔는데 어디 빠져나갈 수도 없는 상황 속에 갇혀 버린 것이다. 나는 나를 때리려는 선배들의 속내를 이해할 수도 없었지만, 선배들의 의도를 알고도 나를 불러낸 그 친구가 어이가 없어서 속으로 화가 부글부글 끓었다. 그 선배들 가운데는 자주 보는 내 친구 경태의 형인 승태 형도 있었다.

나는 선배들에게 둘러싸여 집에서 약 100m 정도 떨어진 곳의 가마니 공장의 어두운 담벼락에 세워졌다. 나는 끌려가는 순간부터 담벼락에 세워질 때까지도 선배들에게 맞을 것에 대한 두려움보다는 나를 불러낸 친구에게 화가 났다. '도대체 이놈은 제정신인가? 어떻게 친구를 팔아먹을 수가 있나!' 하고 친구에게 배신당했다는 생각에 대한 분노가 훨씬 컸다.

선배들은 내게 건방지고 어떻다면서 좀 맞아야겠다며 훈계했다. 그런데 나는 선배들의 말은 귀에 들어오지도 않았다. 배신에 대한 분노가 더 컸던 탓이다. 게다가 자주 봤던 친한 친구의 형인 승태 형이 내 앞에 서 있는 게 믿기질 않았다. 내가 그 형에게 인사를 안 한 것도 없고, 전에 그 형과 안 좋은 일이 있었던 것도 아니기 때문이다.

나는 선배들의 말이 말 같이 들리지 않다 보니 더 듣지 않고 말했다. "형들, 다 좋은데 누가 먼저 나를 때릴 거예요?"라고 물어보았다. "형들 오늘 나 때리는 건 좋은데, 오늘 여기서 나를 죽이지 않으면 나를 제일 먼저 때린 형은 나에게 죽을 거예요. 누가 먼저 때릴 거예요?" 하고 눈을 부릅뜨고 물었다.

순간 선배들에게는 당황하는 눈빛이 역력했다. 왜냐하면 내가 이렇게 반응하리라고는 전혀 생각지 못한 것 같았다. 세 명이 있었기에 내가 겁을 먹을 줄 알았는데 내 말을 듣고는 서로 제일 먼저 선방을 내기가 쉽지 않았던 것 같다.

그 순간 나는 재차 독촉했다. "형들, 누가 먼저 때릴 건지 빨리 정해요. 그리고 이왕 나를 끌고 나왔으니 이렇게 기다릴 게 아니라 빨리 때려야 할 거 아녜요? 그리고 나중에 저놈은 내가 죽일 겁니다" 하면서 내 동창 녀석을 지목했다.

내가 워낙 미친놈처럼 악에 받쳐 들이받으니, 선배들은 당황하면서 태도를 바꿔서 나를 달래기 시작했다. "정회야, 사실은 말야…" 하면서, 좀 전에 내게 좀 맞아야겠다던 그 협박은 어디 가고, 인사 좀 잘하고 잘 지내자는 얘기로 얘기가 바뀌기 시작했다.

나는 이미 선배들의 태도가 약세로 바뀐 것을 보고 내 친구의 형에게 따졌다. "승태 형, 도대체 내가 뭘 잘못했다고, 여기 끌려 나와서 형들한테 맞아야 하는 거예요? 이유가 뭐예요? 형이 말 좀 해 줘요"라고 말했다. 승태 형은 내게 말을 못 했다. 나를 때리려던 일은 온데간데없고, 나를 달래며 잘 지내보자는 얘기로 마무리되었다.

나는 집으로 돌아오는 길에 웃음이 나왔다. 제대로 때리지도 못할 선배들이 날 불러내서 모양만 우습게 됐기 때문이다. 만일 내가 죽을 각오로 들이받지 않았다면, 나는 두들겨 맞고도 잔소리까지 들었을 것이다.

다행히 단 한 대도 맞지 않고 집으로 돌아온 일을 생각하면 지금까지도 재미있는 일로 기억된다. 비록 의도하고 한 일은 아니지만, 내가 열을 받아서 죽을 각오로 덤볐기 때문에 맞지 않은 것 같다. 죽을 각오를 하면 살 수 있다는 말을 들을 때마다 생각나는 추억이다.

5
농부의 땀과 오천 원

중학교 2학년이던 1975년 여름의 일이다. 아버지와 함께 새벽 4시부터 배추를 리어카에 가득 싣고, 인천 숭의동에 있는 공판장에 갔다. 10km 정도의 거리를 두 시간이 넘게 끙끙거리며 왔는데, 경매에서 오천 원을 받았을 때의 그 허탈감이 잊혀지지 않는다.

남들은 경매에서 배추 한 리어카에 만 원 정도에 낙찰받았다. 그런데 불행하게도 경매사가 샘플로 뽑은 우리 배추에서 속대가 나왔기에 거의 절반 가격으로 경매가가 떨어져서 낙찰된 것이다. 아버지는 너무 낙심하시며 어떻게 할까 고민하셨다.

나는 어이가 없어서 배추를 팔지 않고 리어카를 다시 끌고 가고 싶었지만, 아버지께서는 고민 끝에 그냥 오천 원에 배추를 넘기자고 하셔서 나도 동의하고 배추를 헐값에 팔아 버렸다. 나는 거기에서 학교로 바로 가야 했고 아버지 혼자 수레를 끌고 가실 수 없었기에 헐값에라도 배추를 팔 수밖에 없었다.

배추들을 내려놓고 공판장에서 빈 수레를 끌고 내 학교 근처까지 아버지와 함께 걸어오는 동안 나는 가슴이 먹먹해서 아무 말도 못 했다. 나와 아버지는 그냥 말없이 걷기만 했다. 학교로 가는 갈림길에 이르러 아버지께 집으로 잘 들어가시라 인사하고 학교로 가는데 뜨거운 눈물이 흘러내렸다.

 이 기억 때문에 50년이 더 지난 지금도 오천 원짜리 지폐만 보면 옛날 생각이 난다. 그 몇 개월간의 땀의 가치가 그 오천 원으로 평가된 것이다. 나는 요즘도 농작물 가격이 폭락해 밭을 갈아엎는 뉴스를 보면 그 심정을 너무 잘 이해한다. 농부의 땀의 가치가 너무 저평가되는 우리 농업의 현실이 안타깝다.

6
혼식

중2 때의 일이다. 당시 국가 경제가 어려운 데다가 식량 사정도 좋지 못해서 정부가 쌀밥만 먹지 못하도록 보리쌀을 섞은 혼식을 하도록 했다. 게다가 벼농사도 맛은 있지만 수확량이 적은 아끼바리라는 종자를 못 심게 하고, 맛은 없지만 수확량이 많은 통일벼를 심도록 하였다. 요즘은 이해할 수 없는 얘기지만, 당시에는 정부가 혼식을 권유하다 못해 실질적으로 벼의 품종까지 강제하였다.

우리 집은 비록 가난하게 살았지만, 벼농사를 지었기에 쌀 걱정은 없었다. 보리는 쌀보다는 쌌지만 돈 주고 사다 먹어야 했기에 도시락을 쌀 때 쌀을 많이 넣고 보리를 아껴서 소량으로 넣어 혼식밥 형태로 도시락을 쌌었다.

매번 도시락 검사에서는 뚜껑만 열고 검사를 했었다. 그런데 어느 날 갑자기 다른 반 담임선생님이 들어와 도시락 검사를 하면서 밥을 도시락 뚜껑에 엎으라고 했다. 혼식이 제대로 이뤄지는지 보겠다며 거꾸로 엎은 밥을 반으로 잘라서 검사를 하였다.

나는 결국 무늬만 혼식인 것으로 적발되었다. 점심시간에 도시락을 먹기는커녕 단속에 걸린 10여 명의 학생들과 함께 운동장에 집합하였다.

우리는 옷을 벗고 팬티 바람으로 "혼식 철저! 분식 철저!" 구호를 외치며 운동장을 열 바퀴를 뛰었다.

같은 학교 학생들은 물론 운동장에 맞붙어 있는 옆 초등학교 학생들까지 우리들의 구호 소리에 키득키득 웃는 모습을 보며 수치스럽게 운동장을 뛰었던 기억은 아직도 잊혀지질 않는다.

아무리 정부 시책도 중요하지만, 학생들 도시락까지 검사하며 혼식을 제대로 안 했다고 인신 모욕적인 벌을 주었던 때를 생각하면 정말 어이가 없다. 지금 기준으로는 생각조차 할 수 없는 인권 침해이며, 학대 행위인 것이다. 그렇지만 당시는 그만큼 다들 가난하고 어려웠던 때라 국가의 고육지책이라는 생각이 들어 나름 이해하려고 한다.

또 한 가지 웃긴 기억은 몇몇 잘 사는 애들이 힘센 애들에게 계란프라이를 빼앗길까 봐 도시락밥 밑에 계란프라이를 숨겨왔던 것들을 그날 도시락 검사에서 알게 되었다는 것이다. 당시에는 집에서 제대로 된 음식을 먹지 못하던 힘센 애들이 힘없고 여유 있게 사는 집 애들이 싸 온 소시지나 계란말이 등의 반찬을 뺏어 먹는 게 다반사였기에 부모들이 궁여지책으로 자식들에게 잘 먹이고자 아이디어를 냈던 것이다.

지금이야 웃으면서 옛날 생각을 하는 것이지만, 한참 민감한 나이인 중학교 2학년 학생을 거의 발가벗기다시피 팬티 한 장만 입힌 채 운동장을 뛰며 "혼식 철저, 분식 철저!"라며 구호를 외치며 뛰어야 했던 시절이 있었다는 것을 내 자식들조차 이해하기 어려울 것이다.

7

원 플러스 원

1987년 1월 5일, 직장 첫 출근 날의 일이다. 사무실에 들어가자마자 부장님 방으로 호출되어 가 보니 부장님과 두 실장님이 계셨다. 내 부서 내에 실이 하나 더 생겼는데, 실장만 있고 부서원이 없어서 한 명을 내줘야 하는데 누굴 주느냐의 문제로 논의 중이었다.

새 실장님은 경력직을 요구했으나 내 소속 실장님은 경력직 부서원을 내주기 싫고, 나는 어차피 없던 직원이니 나를 6개월간 파견 보내기로 했다. 실장님은 첫 출근한 나를 앞에 두고 '가서 열심히 일해라. 쓸 만하면 데려오고, 그렇지 않으면 쥐 버리겠다'고 했다. 새 실장님은 '애를 갖다 뭐에 쓰냐'며 투덜거리며 어쩔 수 없이 나를 받았다.

새 사무실로 옮기자마자 내게 수많은 자료를 보라고 하시며 한숨짓는 새 실장과 그렇게 일을 시작했다. 출근 첫날, 내겐 불쾌한 일이었지만 아무 경력도 없는 나와 함께 일을 해야 할 실장님의 입장도 이해가 갔다. 입사 20일 만에 실장님이 내게 서울 출장을 다녀오라고 했다. 척도 10,000:1 지도를 사고, 여건이 되면 국내의 중량물 운송 사례를 파악해 올 수 있으면 좋겠다는 것이다. 중량물 수송을 다뤄야 하는 부서였기 때문이다.

나는 국토관리청, 도로공사, 철도청을 다녀왔고 수집해 온 자료를 첨부해 보고서를 작성하여 출장 결과를 보고했다. 군대에서 수송부 서무계로 일하며 늘 보고서를 작성하던 내게는 특별한 일이 아니었다. 실장님은 "이게 네가 정말 직접 물어보고 온 거냐?"면서 놀라는 표정으로 물었다. 나는 관련자들을 직접 만나서 의논하고 자료를 받아 왔기 때문에 이런저런 질문에 답변하는 데 특별한 어려움이 없었다.

이날부터 나를 대하는 실장님의 태도가 아주 친절해졌다. 심지어는 내가 월세 계약이 만기가 되어 이사를 해야 해서 조금 일찍 퇴근해야 한다고 말씀드리니, 아예 차 키를 주시면서 마음 편히 이사하고 오라고 하시며 파견 기간 끝나도 함께 일하자고 하셨다. 부서가 처음 생긴 데다가 직원이 나 혼자였으니 읽어야 할 자료, 처리할 일이 많기에 늘 특근을 해야 했다.

그런데 날 버리듯 파견을 보냈던 내 원래 실장님은 나를 볼 때마다 파견부서에서 왜 일을 열심히 하느냐며 파견이 끝나면 무조건 돌아와야 한다고 했다. 결국 6개월 파견이 끝날 무렵 양 실장님은 나를 두고 다퉜고, 나는 원래 소속실로 돌아왔다. 그런데 파견 실장님은 몇 명의 연구원을 뽑았어도 내가 필요해서인지 계속 나를 달라고 하시다가 결국엔 석사 출신 연구원 1명과 신규 인력 1명 채용권을 넘기며 나를 데려갔다.

내가 뭘 하겠냐고 했던 그 실장님이 불과 1년도 안 되어 원 플러스 원으로 나를 데려가신 것이다. 이 일로 나는 직장에서는 무엇보다도 실력이 있어야 인정받는다는 걸 알게 되었다. 비록 불쾌했던 경험이고 일당백을 한 것도 아니고 원 플러스 원이 별일은 아니지만, 나의 가치를 높이는 일은 아부가 아니라 실력과 성과로 증명해야 한다는 것을 잘 알게 해 주었다.

나는 오랜 경험을 통해 학벌이 그리 중요하지 않다고 생각한다. 그보다는 주어진 업무에 대해 역할을 잘해 줄 수 있는지가 더 중요하다고 생각한다. 보통의 경우에는 좋은 학교를 나오면 좀 더 잘 할 거라고 예상하지만, 그렇지 않은 경우를 종종 본다. 그런데 어려운 일을 해낼 때 있어서는 출신학교보다도 사람 본인의 역량, 즉 실력의 영향이 더 크다고 생각한다.

8
누명

 노조 일을 하면서 보람도 많았지만, 가슴 아프고 힘든 일을 겪었다. 직종 간 갈등이 심했던 정년 문제와 신입 직원들이 겪은 '대졸 초임 삭감' 문제로 누명을 겪은 일은 참으로 가슴 아프고 화나는 일이었다.
 현재 내 직장의 정년은 직종에 관계없이 만 61세이지만, 내가 노조 지부장을 할 때는 연구직, 행정직은 61세인데 반해 기능직은 58세로 3년이 짧았다. IMF 이전에 각각 65세, 61세였던 정년이 4년, 3년씩 줄어든 것이다. 두 직종에 비해 정년이 짧은 기능직 조합원들은 정년 단일화에만 매달렸고 직종 간 갈등이 컸다.
 내가 노조 지부장 임기를 끝내고 연구원으로 복귀 후의 일이다. 누군가 기능직들을 선동하려고 거짓말을 퍼뜨렸다. 원장이 정년 단일화에 합의했는데 내가 합의문을 찢어 버려서 무산되었다는 것이었다. 직원들에게 가장 민감한 사안인 정년에 대해 기관장이 서명한 것을 노조 지부장이 찢어 버리는 것은 있을 수 없는 일이다. 정말 황당한 거짓말인데도 많은 기능직 직원이 이를 사실로 믿고 나를 원망히였다.
 나는 아끼는 선후배 기능직 동료도 많고, 결코 기능직을 함부로 생각한 적이 없다. 나를 아는 기능직 동료들이 그게 사실이 아니라고 말해 줘도 소용이 없었다. 어쩔 수 없이 법적 조치를 할 수밖에 없었다. 법적 처벌이 두려워 그들은 말을 바꿨다. 오랜 시간이 걸려서야 누명을 벗게 되었지만 이로써 나를 오해했던 사람들이 내 진정성을 아는 계기가 되었다. 이제 누구도 내게 누명을 씌웠던 자들을 믿거나 찾지 않는다. 사필귀정이다.

누명을 쓴다는 것은 억울하고 분한 일이며 누명을 벗기는 쉽지 않다. 사실을 해명하려면 많은 객관적인 증거를 찾아 제시해야 한다. 사실을 증명한다 해도 이미 사람들의 관심 밖의 지나간 일이 되어 버리는 일이 허다하다. 일이 정리된 후, 나는 김종경 원장님께 기능직들의 정년 단일화의 해법을 제안해 드렸다. 직종 간 갈등과 목마름을 잘 이해하신 김종경 원장님은 좋은 해법으로 이 난제를 해결하셨다.

김 원장님께서 정년을 단일화해 주셨지만, 기능직의 정년 단일화에 앞장선 자들의 행태가 안 좋아서 직종 간 갈등이 심했기에 이에 대한 갈등을 줄이고자 급여 차이를 크게 하셨다. 박원석 원장님이 취임 첫해에 이 문제를 해결해 주고자 하셨고 기획부장을 통해 미국에 파견 중인 내게 연락이 왔다. 혹시라도 내가 반대할까 하는 염려와 반대자들이 있으면 내가 도와줬으면 좋겠다고 협조를 당부하기 위해 연락한 것이었다. 나는 박 원장님의 생각에 동의했고, 박 원장님은 급여를 적정선으로 조정해 주셨다.

상대의 마음을 열고 협조를 부탁하는 방식으로 접근했으면 훨씬 일찍, 더 잘 풀었을 것이다. 자신들의 조급한 마음에 수단 방법을 가리지 않았던 자들에겐 안타깝고 측은한 마음이 든다. 자기 욕심만 채우려던 일부 기능직들이 큰 갈등을 일으킨 것이고 이미 지나간 일이지만 기능직들의 애환을 살펴봐 주신 두 원장님께 깊이 감사하는 마음이다.

2009년에는 '대졸 초임 삭감'이라는 가장 가슴 아프고 화나는 일을 경험했다. '대졸 초임 삭감'은 대학 졸업 후 정부 공공기관에 입사하는 직원들의 초임을 약 30% 가량을 몇 년간 삭감하는 것으로 2009년 MB 정부가 대졸자들이 중소기업에 지원하지 않는 문제를 해결하고자 모든 공공기관에 강제로 시행한 것이다. 중소기업 구인난이 심하다고 대졸자들의 공공기관 취직을 막고 중소기업에 취업하게 하려고 정부가 강요한 무지하고 한심한 지침이었다.

치열한 경쟁을 뚫고 취직했는데 다른 직원들과는 달리 신입 직원인 자신들만 30% 깎인다는 게 상식적으로도 납득할 수 없는 일이었다. 나는 정부의 강한 압박에도 노조 지부장으로서 절대 수용할 수 없다는 입장을 밝혔다. 사측도 이를 추진하지 못하며 곤혹스러운 입장에 처해 있었다. 정권 초기 정부의 지시라 정부 산하기관의 기관장들도 모두 곤혹스러워 했었다.

그러던 어느 날 교통사고로 병원 입원 중 사무국장에게 황당한 소식을 접했다. 젊은 신입 직원이 실수로 기재부의 알리오 시스템에 우리 직장이 대졸 초임 삭감에 동의한 것으로 등록했다는 것이다. 게다가 이미 등록한 것은 되돌릴 수 없는 상태이며, 이 후속 조치로 노사 합의서를 제출해야 한다는 것이다.

다급하게 협조를 요청하는 기획부장과 난처해진 기관장의 입장, 이미 벌어진 일이라 누구를 야단쳐서 해결될 일이 아님을 알았다. 내가 동의하지 않는다고 해서 해결될 수 있는 상황이 아니었다. 특히 이 엄청난 실수를 저지른 그 젊은 직원은 겁에 질려 있었다. 그 직원도 조합원이며 나도 아끼는 성실한 청년이었기에 이 상황을 전해 들은 나도 고민에 빠졌다.

장재후 기획부장은 이 문제를 책임지고 조속히 해결하겠다는 기관장의 확약서를 갖고 왔고, 추후 해결할 방안이 있었기에 동의해줬다. 그런데 내가 지부장을 그만둔 후 후임 집행부는 이를 해결하려고 노력조차 하지 않았다. 그들은 이 문제를 안건조차 상정하지 않고 내가 이 일에 전적인 책임이 있는 것처럼 내게 누명을 씌우기만 했다. 결국 나는 대졸 초임 삭감 피해 직원들에게 원성을 계속 들어야만 했다.

자신들의 급여가 30% 가까이 삭감되어 고생했던 30여 명의 젊은 직원들에게 늘 미안했기에 피해 직원들의 원망이야 당연히 감수해야 했지만, 이를 해결하려 노력하지 않는 관계자들의 행태는 정말 참기 힘들었다. 결국 2013년 말, 나는 관련 부서의 도움을 받아 전체 피해 직원들 명단과 금액을 파악한 후 피해 직원들을 직접 소집하여 면담하며 내가 책임지고 해결하겠다고 약속하였다.

면담 후 나는 2014년 노조 대의원 선거에 나서 대의원 의장으로 선출된 후 이 문제를 직접 해결하였다. 이 문제를 위한 안건조차 상정하지 않았던 집행부는 여러 문제들로 인해 불신임 되어 쫓겨났다. 나는 임금협상 대표로 참석해 김종경 원장님께 '대졸 초임 삭감' 문제의 개요와 해결의 시급성을 말씀 드렸다. 김 원장님께서는 사안의 심각성을 인정하시면서도 일부 직원들의 문제이기에 조합원 투표에서 부결될 것을 걱정하셨다. 나는 책임지고 총회를 통과시키겠다고 원장님을 설득했고, 김 원장님의 동의로 단 한 번의 협상으로 해결한 것이다.

김 원장님의 우려 대로 노조 대의원회에서는 일부 대의원들의 반발도 있었다. 나는 이 젊은 직원들의 삭감된 급여가 전체 직원의 급여로 흡수되어 인상된 것인데, 그럼 이 부분을 삭감해서 돌려주는 게 낫겠냐고 반

문했더니, 결국 이들의 희생 덕분에 자신들이 혜택을 본 것을 알게 되었고, 다들 더 이상 이의를 제기하지 않아 총회를 통과시켰다.

나는 이 문제를 해결한 것을 정말 다행으로 생각한다. 특히 전임 기관장과의 약속된 사항을 존중해 주고 큰 결단을 내려 주신 김 원장님께 늘 감사하는 마음이다. 또한 자신들의 손해 전액을 요구하지 않고, 일부를 스스로 양보하면서 해결에 동의해 준 피해 당사자들에게도 깊이 감사하고 있다.

비록 이 문제의 해결에 몇 년의 시간이 걸렸고 마음고생도 컸지만, 피해 당사자들의 고통에 비할 일이 아니다. 그래도 최종 순간까지 내가 직접 해결해 주겠다는 약속을 믿어 준 걸 고맙게 생각하고 있다. 내가 직접 이 문제를 해결해서 몇 년간 내 가슴속에 맺혔던 응어리가 풀렸고 누명도 벗었지만, 다시는 이런 무지한 일이 일어나지 않기를 바라고 있다.

몇 년 동안 안 된다던 일이 불과 30분 만의 협상으로 타결된 것을 보면서 실상은 그 집행부가 협상도 제대로 하지 않았다는 것을 알게 된 것이다. 이 과정을 지켜보며 진실을 알게 된 후 나를 믿고 응원하는 이현정 팀장 등 피해 직원들에게도 늘 미안하고도 고마운 마음이다.

나는 진실은 늘 변치 않는다고 생각한다. 비록 거짓에 의해 진실이 잠시 가려질 수는 있지만, 진실은 시간 속에서 그 모습을 드러내게 되어 있다. 비록 누명은 가슴이 아픈 일이지만 좌절하지 말고 당당히 맞서야 한다. 이 와중에도 나를 믿고 진실을 믿어 준 사람들에 대한 고마움은 잊을 수가 없다.

9
군계일학

중학교 시절 배운 한자성어 가운데 내가 특별히 좋아했던 말은 '진인사대천명(盡人事待天命)'과 '군계일학(群鷄一鶴)'이다. '진인사대천명'은 내가 가장 소중하게 생각하는 원칙이다. 내가 해야 할 최선을 다해야 하는 것이 우선이며, 내가 최선을 다하지도 않으면서 좋은 결과를 기대해서는 안 된다는 생각이다. '군계일학'이란 말은 내게 크게 다가왔고 군계일학처럼 언제나 최고가 되고자 노력하며 살아왔다.

고1 때 인천공업중학교 마지막 회를 졸업한 친구가 내게 줄칼로 쇠를 깎는 다듬질 기술을 가르쳐 준 덕분에 나는 손쉽게 실습을 익혔다. 중학교 때부터 열심히 공부했던 내가 실습까지 잘하게 되니 이론 과목과 실기 과목 모두 전교 1등을 하였다. 그런데 호사다마란 말처럼 내가 전교 1등을 하여 두각을 나타내는 순간 내게 어둠의 그림자가 덮어졌다.

이때부터 학교의 실세였던 은도끼라고 불리던 악명 높은 은 선생님은 내게 전공생이 되어 기능올림픽에 나가라고 계속 회유했다. 은 선생님은 공구 일체를 무료로 주고 최고의 장학금도 주겠다는 등 온갖 제안으로 나를 압박했다. 나는 가난해서 공고에 온 것일 뿐, 장학금도 필요 없고 대학에 가야 해서 기능올림픽에는 관심이 없기에 전공생을 할 수 없다고 계속 사양했다.

그러자 너는 실력이 좋아서 2학년 때 기능올림픽에 나가도 입상은 걱정 없다. 그러면 2학년 중반부터 대학입시 공부를 할 수 있으니 대학에 갈 수 있다. 그런데도 네가 전공생을 안 하겠다고 한다면 너는 정말 이기적인 놈이라면서 나를 압박했다. 나는 기능올림픽에 나가지 않으면 졸지에 이기주의자로 낙인찍히는 상황이라 할 수 없이 전공생 생활을 시작하게 되었고, 이게 내게는 큰 시련의 시작이었다.

은 선생님은 나를 2학년 때 대회에 내보내려고 일반 전공생들과는 달리 내게 수위실 옆에 방을 만들어 숙식하게 하며 하루에 한 제품씩을 완성하는 고강도의 미션을 부여했다. 중노동 같은 미션을 마치고 밤에 숙소로 돌아오면, 과로와 영양부족으로 툭하면 코피를 쏟았다. 고1이라는 어린 나이에 매일 쇳덩어리를 줄칼로 깎는 노동으로 인해 나는 팔꿈치 관절에 무리가 왔다.

내 동기 전공생은 세 명이었는데, 바로 위 선배 전공생들은 툭하면 나를 구타하고 집요하게 괴롭혔다. 저녁 야식 시간에 내 라면이나 빵에다 쇳가루나 절삭유를 뿌려서 못 먹게 하기도 했다. 선배들의 계속되는 집요한 폭행과 괴롭힘이 내겐 너무나도 큰 고통이었다. 나는 과로로 코피를 계속 쏟는 데다 선배들의 괴롭힘으로 너무 지치고 힘들었다.

어느 날 나 때문에 선배 중 한 명은 대회에 못 나가게 된다는 것을 알게 되었다. 내가 2학년 때 대회에 나간다는 말은 1년 선배들에게는 큰 충격이었다. 이는 곧 1년 더 먼저 기능올림픽을 준비 중이던 선배 3명 중 한 명이 대회에 못 나가게 되는 것이기 때문이다. 나보다 1년을 더 노력한 선배로서는 자기가 빠져야 할지도 모르니 똘똘 뭉쳐 나를 괴롭힌 것이다. 기능올림픽에 모든 걸 걸고 매달리는 선배 중 한 명이 희생되어야 한다는 것은 내게 큰 부담이었다. 그들에겐 그게 전부인데 나는 은 선생님의 요구 때문에 전공생을 하는 것이니 내가 선배들을 위해 양보하는 게 맞기에 나는 은 선생님을 찾아가 전공생을 그만두겠다고 했다.

이때부터 나는 은도끼 선생님에게 1년 반 가까이 시달리게 되었다. 당시 은 선생님은 교내 어디서든 나만 보면 나를 불러 세워놓고, "너는 나쁜 놈이야!", "너는 이기주의자야!"라면서 자신의 분이 풀릴 때까지 내게 저주에 가까운 욕설을 퍼부었다. 그중 가장 기분 나빴던 말은 "넌 이기주의자야"라는 것이었다. 난 어떤 이익을 취하려 한 것도 없고, 선배들을 위해 양보한 것인데, 왜 이기주의자란 말을 들어야 하는지 이해할 수가 없었다. 선배 중 한 명의 생명 같은 기회를 내가 뺏을 수는 없는 것인데, 그저 내가 전공생을 그만두는 걸 이기적이라며 비난한 것이다. 과연 내가 이기적이었을까?

당시 학생들 모두 정밀가공 기능사 자격증만 따면 실습을 면제시켜 줬다. 대학입시나 취직 준비를 위해 자율학습을 하도록 했다. 그러나 나는 2학년 첫 시험에서 자격증을 땄음에도 불구하고, 무조건 실습을 계속하게 했고 제품을 완성해서 합격해야만 끝날 수 있었다. 어느 날은 실습장에서 날 주먹으로 때려서 기절시킨 것으로도 모자라 구둣발로 내 목을 짓밟기까지 했다.

은 선생님에게 당한 폭행과 괴롭힘도 견디기 어려웠지만, 이를 알고도 모른 체하던 선생님들의 비겁함이 싫었다. 다행스럽게도 고3 담임이셨던 박장수 선생님 덕분에 나는 은 선생님의 핍박에서 벗어나게 되었다. 박장수 선생님은 나를 지옥 같은 고통에서 구해 주신 평생의 은인이다.

도대체 내가 무슨 잘못을 했기에 이런 고통을 받아야 하는지 이해할 수 없었다. 중학생 때 모범생으로 칭찬받던 내가 왜 이런 욕을 먹고 이런 고통을 받아야 하나, 내가 정말 나쁜 사람인가를 끊임없이 되물었었다. 이 모든 게 남들과 비슷하기만 했어도 겪지 않았을 일이다. 대다수 학생들이 대학에 진학하는 인문계고만 갔어도 이런 일은 없었을 것이다. 아니 전교 1등을 계속하지 않았어도 이런 일은 없었을 것이다.

고교 졸업 후 16년이 지난 1996년 어느 날 이 선생님에 대한 기억 때문에 마음의 정리를 하지 않고서는 편안한 생활을 하기 어렵다고 느꼈다. 이 선생님의 연락처를 얻어 전화로 약속하고 학교로 찾아가 이 선생님을 만났다. 나는 주변의 교사들이 들을까 조용조용 말했다. 선생님도 자식을 키우는데 어떻게 내게 그럴 수가 있고, 도대체 내게 왜 그랬냐고 물었다. 그는 당시에 내가 대회에 나가면 충분히 입상할 거라 자신의 실적을 올릴 수가 있는데 전공생을 그만둔다는 게 너무 미웠다고 고백했다.

나는 은 선생님의 생각지 못한 솔직한 고백이 놀라웠지만, 당시 나는 매일 선배들에게 얼마나 맞았는데 선생님이 내 삶은 전혀 생각하지 않고 나를 그저 수단으로만 생각했냐고 물었다. 그는 당시 자기의 승진과 실적 욕심이 너무 컸다며 자신의 잘 못을 사과했다. 내가 조용조용 얘기했음에도 불구하고 그 선생은 주변의 교사들이 다 듣는 데도 내게 정말 잘못했다며 사과했다.

비록 나의 고교 1, 2학년은 정말 지옥과도 같았지만 나는 사과를 받았기에 이제는 과거를 다 잊고 일상으로 돌아가겠다며 다시는 나같이 고통받는 학생을 만들지 말라고 부탁하고 학교를 나왔다. 비록 내가 받은 고통은 견디기 어렵고, 잊혀지기도 어렵지만 그 가해자를 용서하고 나니 내 마음이 너무나도 홀가분해졌다. 용서를 하고 나니 그것은 가해자를 위한 것이 아니라 피해자인 나 자신의 마음을 더 편안하게 해 준다는 것을 알게 되었다. 비록 고통의 흔적은 쉽게 없어지지 않겠지만 그래도 그런 좋지 않은 과거에서 벗어나게 된 것은 정말 잘된 일이다.

이기주의자란 말은 내게 큰 상처를 주었지만, 나의 초·중·고 생활기록부를 떼어 본 후에야 내가 그렇게 평가받은 학생은 아니었음을 확인하고 큰 위로가 되었다. 비록 터무니없는 한 교사의 막말이었지만, 감수성이 민감한 성장기 소년인 내게는 너무나 가혹했던 말이었다. 이 경험 때문에 나는 타인을 위해서 양보도 마다하지 않으며, 중년이 된 지금까지도 더욱 조직에 헌신하며, 나 개인의 이익을 챙기기보다는 주변 사람들을 도와주려 하고 있다. 또한, 누군가 억울하게 고통받거나, 어려운 일을 겪을 때 외면하지 않고 적극적으로 도와주려고 한다.

이런 일을 겪으며, 요즘은 군계일학과 같이 혼자 튀어나와 결코 좋은 일이 없다는 생각이 들었다. '그냥 닭처럼 닭 무리 속에서 어울리며 사는 게 더 행복한 게 아닌가?'라는 생각과 '공연히 닭 무리 속에서 학으로 산다는 것이 얼마나 외롭고 힘이 들겠나!'라는 생각이 들면서 뭐가 의미 있는 삶인지 고민이 된다. 남들보다 월등히 앞선다고 좋은 일만 있는 것은 아니다. 시기하는 사람들도 많고, 불편한 일들도 있다는 걸 잊지 말아야 할 것이다.

10
완장

완장이란 단어를 생각하면 떠오르는 일이 많다. 어렸을 적에 어머니와 함께 학교 옆 시장에서 채소를 팔 때 완장 찬 사람을 자주 봤다. 그들은 자릿세 명목으로 좌판 상인들에게 돈을 뜯어 갔음에도 막상 관공서에서 단속이 나오면 좌판에서 장사하던 우리를 사정없이 내쫓았다. 55년이 지난 지금도 잊을 수가 없다. 완장은 인간의 속성을 가장 잘 알게 해 주는 의미 있는 단어이다.

나는 노조 지부장과 대의원 의장을 두 번씩 했다. 실장, 부장은 물론 최고 경영진 간부인 소장도 했었다. 나는 지부장도, 소장도 그냥 맡은 직책일 뿐, 높다고 생각하지 않는다. 그런데 이런 자리를 큰 완장이라고 유세를 떨고 자기가 되게 출세한 것으로 알고 거들먹거리는 사람들을 보면 웃음이 절로 난다.

어떤 직책을 맡거나 그깟 완장을 찼다고 뭐가 그리 달라질 게 있을까? 높은 직책은 비록 기분은 좋겠지만 목에 힘을 줄 일이 아니다. 그 직책에 대한 역할과 책무를 생각하고 구성원들을 위해 무엇을 할까를 생각해야 한다.

사람은 그 바닥을 보기 전에는 완전하게 알 수 없다. 정말로 바닥을 본 후에도 믿을 수 있고, 좋아할 수 있어야 좋은 사람이다. 완장은 그 사람의 바닥을 드러나게 해 준다. 완장을 찼을 때 정말 그 사람 그릇의 크기와 됨됨이를 알 수 있다. 어려울 때 겸손하게 보이는 사람도 완장을 차면 본성을 드러내면서 진정 겸손하지 않을 수 있다. 돈을 많이 벌었거나 높은 직위의 완장을 찼을 때도 진정 좋은 사람인가를 보아야 한다.

나와 20여 년을 함께 근무한 죽무식은 노조지부장이 되자 완전히 돌변했다. 내게 친절했고 나와 오랫동안 친하게 지내던 부서원이었다. 그런 그가 노조 지부장이 되자 의자가 쓰러질 듯 뒤로 제치고 거들먹거리며 이야기하였다. 늘 부서원들에게 겸손했던 자의 표변한 모습에 웃음만 나왔다. 오동녕이란 자도 노조 지부장이 된 후 어김없이 거만한 모습을 보였다. 지부장을 하기 전에 부장도 했기에 조금은 다를 줄 알았다. 그러나 그도 결국 완장을 차고 나니 본색을 드러내고 만 것이다.

노조 지부장이 그렇게 높은 자리인가? 난 4년을 그 자리에 있어 봐도 높다는 생각을 전혀 해 보지 않았는데, 그들에게는 정말 높은 자리였던 것 같다. 인간의 내면 깊숙이 자리 잡은 권력에 대한 욕구가 작은 직책 하나로 그 시꺼먼 속을 다 드러내게 한다. 노조는 종속적인 관계의 조직이 아니라 대등한 관계의 수평적인 조직이다. 노조 지부장을 했을 때도, 평조합원으로 돌아와서도 지부장이 높은 자리라고 생각한 적이 없다.

두 사람 다 나보다도 나이가 몇 살이나 많았다. 내가 이미 4년 더 전에 했던 자리인데, 그게 무슨 그렇게 높은 직책이라고 목에 힘을 주고 나를 대할 만한 완장이란 말인가? 안쓰럽다는 생각밖에는 들지 않았다. 이 세상에는 셀 수 없는 많은 높은 직책이 있다. 노조 지부장 자리가 목에 힘을 줄 자리라면 더 높은 직책에 있는 사람들은 목에 힘을 주다 못해 목이 부러졌을 것이다.

어떠한 직책이든 어떠한 완장이든 어차피 일시적인 것이다. 그 사람 자체가 될 수 없고 임시로 걸쳐 입은 옷일 뿐이다. 인생 살면서 추구하고 찾아야 할 일들이 너무나 많다. 작은 완장에 취해 목에 힘을 주고 있는 사이에 세상은 날로 발전하고, 남들은 더 멀리 나아간다는 것을 알아야 할 것이다.

완장을 찼다고 목에 힘을 주고, 남들 위에 군림하려는 것보다는 주위 사람들에게 힘이 되고, 도움을 주는 삶이 훨씬 더 가치 있고, 보람된 것이다. 자기가 그 정도의 완장에 휘둘릴 정도의 인격밖에 안 되는지 우리 모두 내면의 거울을 봤으면 한다.

완장을 차고 어깨에 계급장을 달고 앉아서 남들 앞에서 자신의 가치를 인정받으려 하지 말자. 아는 이 하나 없는 사우나에 가서 옷과 완장을 모두 벗은 알몸 상태로 욕탕 안에 앉아 있어도 진정 자신이 행복한지 세상에 가치가 있는 사람인지 생각해 보자.

완장 같은 것으로 남들이 자신의 가치를 남이 알아주기를 바라지 말자. 완장이 없이도 스스로 자부심을 가질 수 있는지를 생각하면서, 삶의 내면을 충실하게 하는 게 더 행복한 것임을 자각하는 게 더욱 중요하다.

11

갈비뼈 골절과 재채기

2018년 4월 13일 밤, 나는 자전거에서 넘어져서 다쳤다. 갈비뼈가 3개가 부러졌고, 3개에는 금이 갔으며 폐에 출혈이 생기는 중상을 입었다. 나는 갈비뼈 골절이 이렇게 큰 고통을 줄 줄 몰랐고, 생각보다 힘들었다.

나는 어려서부터 숱하게 넘어지고, 다쳤다. 1982년에는 오토바이 사고로 팔꿈치의 뼈가 다 드러나는 상처를 입었고, 오토바이를 폐차할 정도로 사고가 컸어도 갈비뼈 골절은 없었다. 그런데 자전거에서 떨어져 이렇게 심하게 다칠 줄은 몰랐다. 갈비뼈의 날카로운 절단 부위에 폐가 찔려 출혈이 발생해서 하마터면 큰일 날 뻔했다.

갈비뼈 골절부의 통증으로 재채기조차 제대로 할 수가 없었다. 재채기를 하면 마치 불로 달군 칼로 몸통을 후비는 듯한 엄청난 고통이 정말 견디기가 어려웠다. 갈비뼈 골절은 뼈가 붙을 때까지 안정을 취하는 것 외에는 방법이 없었다. 가만히 있으면서 시간이 지나가기만 기다리는 것도 너무 힘이 들었다.

3주가 넘게 힘겨운 시간이 지나고, 통증 없이 재채기를 할 수 있다는 사소한 것이 얼마나 감사한 일인지 새삼 깨닫게 되었다. 내 몸의 어디 하나 소중하지 않은 부분이 없겠지만 정말 건강의 소중함을 다시 한번 온몸으로 느꼈다. 나는 갈비뼈 골절을 경험하면서 우리가 얼마나 예기치 못하고 황당하게 몸을 다칠 수 있는지 알게 되었다.

이 사고는 공교롭게도 내가 중요한 미국 출장을 바로 앞두고 있던 때 일어난 일이라 출장도 포기해야 했다. 군에서도 제대 한 달 전 축구를 하다가 눈이 찢어져서 꿰맸던 사고가 생각이 났다. 몇 년 전에는 아들 결혼식을 앞두고 평행봉을 하다가 어깨를 다쳐 애를 먹었다. 언제나 사고를 조심해야 하겠지만, 중요한 일을 앞두고는 더더욱 사고에 대해 주의해야 한다는 생각을 갖게 되었다.

갈비뼈 골절로 아무것도 못한 것은 아니다. 몸을 제대로 못 움직여서 쉬는 동안 내 머리에서 떠오르는 많은 생각들을 정리한 게 이 책의 대부분의 내용이니, 내게 생각지 못한 정리의 시간을 갖게 해 준 것에 감사한다.

12

시크릿

 2007년 말 직장 간부들과 함께 충남의 온천 휴양지로 브레인스토밍을 갔다. 이 브레인스토밍은 경영 간부들이 너무 무책임하거나 소신껏 일하지 않는 것 같다는 판단으로 분위기 혁신을 위해 당시 기관장이셨던 양명승 원장님과 노조 지부장이었던 내가 노사 합동으로 추진한 것이었다.
 나는 인사말을 하면서 간단한 이야기를 했다. 일이 안 된다고 생각하는 사람들에게는 안 되는 핑계만 생각나게 되고, 된다고 생각하는 사람들에게는 해결 방안이 떠오른다. 다들 생각하기 나름이니 본인이 자신이 없거나, 일하기 싫은 사람들은 보직을 내려놓고, 더 잘하고, 제대로 하고 싶은 사람에게 넘기는 게 낫다며 제대로 하려고 생각하면 할 수 있는 길이 보인다는 내용이었다.
 공식 일정과 저녁 식사가 끝난 후 뒤풀이 자리에서 민환기 노무팀장이 내게 물었다. "지부장님, 아까 그 말씀 《시크릿(Secret)》 보고 하신 말씀이죠?" 나는 《시크릿》이란 책은 읽어 본 적이 없고, 나는 누가 책에 쓴 얘기를 말하는 사람이 아니라 내 생각을 말하는 사람이라고 했다. 민 팀장이 똑같은 얘기더라고 하기에 브레인스토밍이 끝난 후 돌아와 서점을 찾아 시크릿이란 책을 찾아 읽었다.

나는 이 책을 몇 장 넘기다가 소스라치게 놀랐다. 왜냐하면 내가 수련하며 느끼고, 생각해 왔던 내용들이 거의 그대로 담겨 있었기 때문이다. 나는 기분이 좋으면서도 당황스럽기도 했다. 한편으로는 '누가 이 책을 읽는다 해도 이 책에서 말하는 의미와 가치를 제대로 알 수 있을까?'라는 생각이 들었다.

이 책의 핵심은 '끌림의 법칙'으로, 쉽게 말하면 '생각하는 대로 이루어진다'는 것이다. 실제 경험해 보지 않고서는 믿을 수 없겠지만, 실제 많은 성공한 사람들이 공통적으로 말하는 내용이 모두 맥을 같이 하고 있다. "자아"나 "성공"에 대한 얘기를 하는 사람들은 공통적으로 "자신의 생각을 분명하게 세워야 한다"고 말한다. 이것은 내가 말하는 "꿈을 꿔야 꿈을 이룬다"는 것과 같은 이야기이기 때문이다.

대부분 성공에 집착하지만 성공은 그냥 운 좋게 이루어지는 게 아니라 자신의 꾸준한 노력이 수반되어야만 한다. 무작정 성공을 구하기 전에 자아, 즉 자신이 누구인지, 자신이 어떤 사람인지, 자기가 가장 간곡하게 추구하고자 하는 게 무엇인지 등에 대해서 생각하여야만 한다.

성공 이야기를 쓰는 대부분 사람이 공통점을 갖고 있다. 그 가장 중요한 열쇠는 의지, 즉 꿈이다. 또한 생각이 진동, 파동을 만들며 우주와 공명을 일으키는 것이다. 긍정적인 생각을 하면 긍정적인 일이 생기고, 부정적인 생각을 하면 부정적인 일이 생기기 때문에 긍정적인 생각을 갖는 게 무엇보다도 중요하다. 꿈과 욕심은 전혀 다른 것이다. 욕심낸다고 다 되지 않는 게 세상의 이치이다. 긍정적인 생각, 꿈을 가져야 한다.

"생각의 힘"이 얼마나 강한지 알게 되면 다들 놀라게 될 것이다. 그저 책에서 하는 말이 아니다. 내가 성공을 말하기는 그렇지만 나는 내가 어렸을 적에 처했던 환경에 비하면 상상할 수 없는 상황에 살고 있다. 돌이켜 보면 늘 가슴속 한구석에 꿈꾸던 일들을 하나씩 이뤄 왔고, 지금도 꿈꾸고 있는 일들을 하나씩 이뤄 가고 있다. 그 꿈을 이루는 "생각의 힘"이 내 행복의 비결이기에 이 책의 제목으로 정한 것이다.

 우리는 누구인지 진정한 자아에 대해 모르고 살아간다. 그저 누구라고 불리며 살고 있지만, 그것은 우리에게 붙여진 이름일 뿐 진정한 내가 아니다. 따라서 진정한 자아는 무엇이고, 자아가 꿈꾸고 있는 것, 내 자아에 적합한 일들은 무엇인지에 대해 생각할 필요가 있다. 이 부분에 관해서는 《시크릿》이란 책을 직접 읽어 보거나, 유튜브에서 "밥프록터 시크릿 요약"을 찾아보기를 권한다. 이 내용은 내가 지난 20여 년 동안 수련을 하면서 깨닫고, 느껴왔던 기적적인 일들을 일목요연하게 설명해 주고 있기에 권하는 것이다.

13

나의 수호신

나는 종교는 없지만 신이 존재하고 사후세계가 있다고 믿으며 언제나 나를 지켜보고 있는 나의 수호신이 있다고 생각한다. 이러한 생각은 종교 같은 믿음도, 막연한 생각도 아니다. 내가 몇 가지를 실체적으로 경험하고 느껴왔기 때문이며, 비록 사실이 아니라 해도 실망하지 않는다.

내가 죽음과 사후세계에 대해 생각하게 된 첫 계기는 5살 때 본 할아버지의 죽음이다. 나를 아껴 주시고, 안아 주시던 그 할아버지가 몸은 분명 여기에 그대로 있는데 '할아버지는 어디로 가셨단 말인가?' 하는 궁금증을 갖게 된 것이 그 시작이었다.

초등학교 1, 2학년 무렵, 나는 '내가 언제부터 생각하게 되었지? 나는 무엇이었지?'라는 생각과 의문이 들기 시작했다. '내가 태어나기 전에는 무엇이었지?'라는 생각과 함께 무엇인가 기억을 다 잃은 것 같은 느낌이 들었다. 요즘 표현으로 마치 메모리를 포맷하듯이, 무엇인가 기억을 다 리셋시켜 다시 아기로 태어난 것 같다는 생각이 들었었다.

고등학생 때는 학교 근처에 귀신이 나온다고 소문난 흉갓집이 있어 귀신을 한 번 보겠다고 찾아갔지만 보지 못했다. 15년 전쯤엔 직장에서 순찰하던 청원경찰이 한 건물에서 할머니 귀신을 보고 놀랐다는 말을 듣고,

제2장 에피소드 155

그곳에 갔지만 역시나 귀신을 볼 수 없었다. 귀신이 있는지 없는지 내가 직접 확인하고 싶었기 때문이다.

두 번째 큰 계기는 내가 고2 때 유체이탈을 경험한 일이다. 당시 우리 집은 논을 매립해서 지은 거라 균열이 생겨서 방으로 연탄가스가 새어 들어왔다. 나는 연탄가스에 중독되어 간신히 집 밖으로 기어 나가 마당에 쓰러졌는데, 이때 유체이탈을 한 것이다. 마당에 쓰러져 있는 나를 흔들며 일어나라고 울부짖던 어머니를 바라봤던 것은 내게 매우 큰 충격이었다.

나는 영혼이 육체에 결합되어 있다가 육체의 죽음과 함께 육체에서 분리되어 원래의 자리로 돌아간다는 생각을 갖게 되었다. 물론 이 부분은 전적으로 나만의 생각이기 때문에 누구의 비난도 이의제기도 상관없다.

나는 1982년 9월 6일에 입대했다. 논산훈련소에서의 4주간의 훈련을 마치고 의정부에 있는 101 보충대에서 대기하던 1982년 10월 12일 아침 점호 시간에 난데없는 UFO 무리를 보면서 상당히 큰 충격을 받았다.

이 사건은 당시 KBS의 밤 9시 뉴스에서도 나왔고 일간신문에서도 대서특필한 사건으로 그날 새벽 전국에서 많은 사람이 UFO를 목격하였다. UFO는 나 혼자 본 것이 아니라, 아침 점호를 위해 나온 대기병 병사들이 다 함께 목격한 것이다. 이 내용은 1982년 10월 13일자 동아일보 6면 기사를 보면 확인할 수 있다.

UFO는 멀리서 희미한 불빛으로 보인 게 아니다. 상당히 가까이에서 7대 정도가 편대를 이루며 소리 없이 유연하게 움직이며 사라졌기에 큰 충격을 주었다. 물리를 공부한 공학도인 나로서는 그렇게 소리 없이 자유롭게 움직이며 이동할 수 있는 수단을 상상할 수 없었기 때문이다.

또 다른 큰 계기는 내가 26살 때인 아버지가 돌아가신 후의 꿈 때문이다. 1986년 9월 21일 아버지께서 갑자기 쓰러지셔서 의식불명 상태로 계시다가 1주일 만에 돌아가셨다. 아버지가 돌아가신 후 열흘 동안 계속 꿈을 꿨다. 마지막 꿈이 아직도 생생하고, 내 삶이 아버지께서 꿈속에서 말씀해 주신 대로 진행되고 있는 것 같다는 느낌이 계속 들기 때문이다.

내가 20년 이상을 수련한 '석문호흡'도 큰 영향을 미치고 있다. 나는 상당히 높은 수련단계를 연마하면서 나의 내면의 세계를 보게 되었다. 나는 지금 보이는 내가 전부가 아니라 내 안에 있는 나 자신을 느끼며 진정한 자아를 만나고 자신에 대해 깨닫고 싶다는 강한 의지를 강하게 갖게 되었다.

아직은 단정적으로 말할 수는 없지만, 늘 나를 지켜보고 나를 꾸짖고 격려하고 있는 그 무엇인가를 느낀다. 아직은 젊다는 생각 때문인지 종교나 철학 등 외적인 것에 의지하기보다는 나 스스로 공부하며 밝혀내고 싶다. 인생에 주어진 많은 숙제를 대부분 끝낸 지금 깨달음을 향한 노력은 내 인생의 중요한 버킷리스트 가운데 하나이다.

14

TV는 사랑을 싣고

KBS 예능 프로그램 중 'TV는 사랑을 싣고'라는 유명한 프로그램이 있었다. 유명 인사들이나 인기 가수 또는 연예인들이 자신의 과거 은인이나 친구 등을 찾아 이야기를 나누는 프로그램이다. 나는 2002년 KBS의 시사프로그램《이공계 기피현상》관련 특집 방송에 출연했었다. 이때 나의 직장과 가정을 촬영하고 나를 인터뷰한 PD가 'TV는 사랑을 싣고'를 맡았던 PD였다.

나는 이 프로그램의 대중적 인기가 높아지기 훨씬 전인 1996년부터 나의 지인, 은인들을 찾았다. 내가 이렇게 지인들을 찾게 된 계기는 단전호흡 수련 때문이었다. 교통사고 후유증으로 고생하다가 석문호흡을 시작한 지 약 1년쯤 되었을 때 갑작스럽게 까맣게 잊고 지냈던 일들이 떠오르기 시작했다.

고등학교 때 나를 너무나도 오랫동안 집요하게 괴롭혔던 한 교사에 대한 생각 때문에 괴로웠다. 20년 가까운 세월이 흘렀어도 잊혀지지 않을 정도로 나의 내면 깊숙이 고통과 분노를 심어 준 것이었다. 결국 나는 이런 분노 속에서 내 인생을 살아갈 수는 없는 일이라는 것을 깨닫고 번민 끝에 그를 용서하겠다고 마음먹었다.

그러나 단순하게 잊기보다는 그 교사를 만나 얘기하고 용서하자는 생각으로 찾아 만났다. 졸업 후 20년에 가까운 시간이 지났지만 그는 나를 만나자 많이 놀랐고 내게 무슨 짓을 했는지 생생하게 기억하고 진심으로 사과하였다. 당시 내가 야심에 가득 찬 자신의 꿈을 이뤄 주기에 적임자라 생각했는데, 내가 자신 뜻대로 움직이지 않았기에 너무 미워서 내게 모질게 굴었다며 사과했다.

나는 그 교사에게 이해하고 용서하겠지만 다시는 나와 같은 희생자를 만들지 말라고 부탁하고 내 마음을 잘 정리하였다. 그러자 마음속의 분노가 사라지고 뜨거운 눈물이 흘러내렸다. 이 교사를 만나 용서한 후 내 안에는 큰 반성이 밀려왔다. 왜 내게 고통을 준 사람에 대한 미움만 가득하고, 내게 고마움을 베풀어 준 분들에 대한 인사조차 안 하는 배은망덕한 삶을 살고 있느냐는 반성이었다.

나는 작든, 크든 내게 감동을 주고, 도와준 이들을 찾아서 인사는 하고 살아야겠다는 생각에 움직이기 시작했다. 'TV는 사랑을 싣고'란 프로그램처럼 지인과 모교를 통해 고마운 사람들을 찾아서 인사하고 식사를 대접하였다.

방황하는 어린 나에게 책을 읽게 해 준 초등학교 3학년 짝 박찬희부터 중1 때 처음으로 영어를 가르쳐 주신 영국 신사처럼 핸섬했던 최도섭 선생님, 물리를 가르치신 김인식 선생님, 나를 기나긴 고통과 핍박에서 구해 주신 고3 담임이신 박장수 선생님, 군대에서 인연이 되신 조덕제 선임하사님 등 많은 은사님과 은인들을 만나 감사의 인사를 전하고 나니 내 삶은 훨씬 행복해졌다. 나를 아껴 주셨지만 공고로 진학하게 하셔서 애증이 교차하는 중3 담임이신 서영일 선생님도 찾아뵈었다.

이 과정에 나의 초, 중, 고교 생활기록부를 떼어 보면서 내가 어떻게 평가받고, 어떻게 살아왔는지 기록을 보고 기분이 좋았다. 어떻게 쓰였을지 상상도 못 했는데, 미처 생각하지 못한 나에 대한 평가를 보니 새로운 감동이었다.

중2 담임인 최순기 선생님을 아직도 찾지 못한 것이 안타깝다. 최 선생님은 내 생활기록부에 '좀 더 상냥하도록 지도함'이라고 써 주셨다. 당시 내가 얼마나 과묵하고 무뚝뚝했는지 잘 파악하셨고 내가 마음을 열도록 지도하셨다는 생각이 들어 눈물이 난다. 언젠가 이 선생님을 만나면 이제는 더 이상 무뚝뚝하고, 분노에 가득 찼던 내가 아니라 '모든 고통과 어려움을 잘 극복하고 매사에 감사하며 꿈을 이루고, 또 새로운 꿈을 꿔가며 세상에서 받은 사랑을 다시 갚아 나가는 삶을 살고 있습니다'라고 인사를 드리고 싶다.

돌이켜 보면 나는 혼자 살아온 것이 아니다. 생각지도 못한 이런 좋은 분들을 만났기에 오늘의 내가 있다는 것을 알게 되고는 정말 감사함과 경이로움을 감출 수가 없다. 감사하며 산다는 것이 이렇게 행복할 수가 없는 것이다.

물론 나는 지금도 하루하루를 살아가면서 나의 인생에 의미 있는 새로운 사람들을 만나기에 늘 감사하는 마음으로 살려고 한다. 그리고 나 자신도 누군가에게 감사의 대상이 될 수 있도록 세상에 열심히 베풀고 갚으며 살아가고자 한다.

15

내가 좋아하는 영화와 사우나

　나는 영화를 즐겨보지 않는 편이지만 '인생은 아름다워', '더 게임(The Game)', '콘택트(Contact)'라는 세 영화는 내게 깊은 감동을 주었다. 이 영화들은 내가 생각하고 느끼던 것들을 정말 잘 표현해 주었기 때문이다.
　내가 영화를 별로 좋아하지 않는 이유는 영화들이 대부분 시각적인 자극과 재미를 중시하다 보니 전하고자 하는 메시지나 깊은 은유가 부족하기 때문이다. 나는 영화를 잘 안 보는 사람이지만 한국 영화들은 배우들의 연기력도 부족해 자연스럽지 못한 데다가 정치적 목적을 갖고 사실을 교묘하게 왜곡하는 것들이 많기 때문이다.
　그런 면에 비해 이 영화들은 우리 인생에서 진정 중요한 것이 무엇인지를 잘 담아 준다. 특히 영화를 보는 동안만이 아니라 우리가 삶에서 알아야 할 중요한 의미들을 생각하게 해 주었다. '인생은 아름다워'란 영화는 '모든 것에는 key가 있다'는 것과 '신뢰의 힘'을 내 생각처럼 잘 표현해 주고 있다.
　로마에 갓 상경한 시골 총각 귀도가 귀족 가문의 아름나운 여인 도라의 마음을 얻어 결혼하는 과정에서 중요한 힌트를 준다. 단단한 성채와 같이 모든 걸 갖춘 귀족의 딸인 한 여인의 마음을 얻는 것은 재력이나 가문,

지위, 외모와 같은 것이 아니다. 진정한 사랑이라는 열쇠가 있으면 엄청나게 크고 단단한 성문도 열 수 있다는 것이다. 아무리 크고 좋은 열쇠가 많아도 맞지 않으면 소용이 없는 것이다.

이 영화는 아무리 어려운 일을 당해도 애만 쓴다고 해결되는 것이 아니라 거기에 맞는 해결책을 찾아야 된다는 생각을 은유적으로 잘 표현하고 있다. 또한 유태인이라 어린 아들과 함께 나치에게 잡혀가 수용소 생활을 하는 중에도 어린 아들이 아빠의 말을 믿었기 때문에 살아날 수 있었다는 점에서 신뢰의 힘은 대단하다는 것을 잘 보여 주었다.

'더 게임(The Game)'은 우리의 인생에서 '무엇이 제일 중요한가?'라는 지고의 가치로 생각해야 할 것과 '우리의 삶 자체가 하나의 꿈같은 게임 속에 있는 게 아닐까?'라는 삶에 대한 나의 의문을 잘 표현하고 있다. 우리가 복잡한 세상 속에서 중요한 것들을 성취하기 위해 치열하게 살면서도 정작 중요한 것들 중에도 우선순위가 있다는 것은 모르고 산다. 가장 중요한 것을 위해서는 그보다 덜 중요한 것은 희생할 수 있어야 한다. 그런데 엉뚱한 것을 중요하다고 생각하고 정작 가장 중요한 것을 잊고 살고 있음을 각성하게 해 줬다.

또한 내가 보고, 겪고 있는 내 삶의 모든 것들이 꿈처럼 정교하게 짜여진 게임 속에서 시험당하고 있는 것은 아닌지 생각하게 해 준다. 정말 우리의 삶이 이 세상에 시험을 보고, 평가받기 위해 온 게 아닌지 다시 한번 생각하게 된다.

'콘택트(Contact)'란 영화는 천문학자인 칼 세이건의 소설을 영화화한 것으로 조디 포스터가 주연을 맡은 SF 영화이다. 웜홀을 통한 공간 이동 등의 과학적 내용을 아주 잘 표현해 냈지만, 돌아가신 아버지, 할아버지,

할머니 등을 그리워하는 내 마음의 꿈을 잘 표현한 면도 있다.

특히 주인공 조디 포스터가 우주선을 타고 웜홀을 통해 다른 우주로 넘어가며 보고, 느끼는 공간 이동에 관한 표현은 너무나도 실감이 난다. 내가 단전호흡을 수련하면서 내면의 초공간 속을 여행하는 느낌을 너무나도 생생하게 표현해 주고 있다.

마치 '뭐라고 말로 표현할 길이 없다'는 광고 문구에서 나오는 표현이 생각난다. 직접 경험해 보지 않고는 이 영화의 장면을 이해하기가 어려운 일이다. 그런데 이 영화는 그 느낌을 너무나도 생생하게 표현해 주고 있기 때문이다.

아무리 좋은 영화라도 영화는 영화일 뿐이기에 마치 영화가 현실인 양 착각하는 우를 범해서는 안 될 것이다. 그저 내 삶을 반추해 보고 내가 지나온 삶 또는 앞으로 살아갈 삶에 대해 생각할 기회를 주는 것만으로도 의미가 있다고 생각하면 될 것이다. 비록 영화이지만 그 가운데에 내가 느낀 초현실적인 느낌을 과학적 해석과 함께 너무나도 잘 표현해 주었다.

세상에는 수많은 영화가 있고, 앞으로도 엄청난 많은 좋은 영화들이 나올 것이다. 그러나 위에서 언급한 세 개의 영화는 내게 충분한 감동과 의미를 주고 있는 영화이기에 나는 이 영화들을 본 것에 늘 깊이 감사하고 있다.

나는 사우나를 1주일에 한두 번 정도 다니며 즐기는 편이다. 사우나는 내게 많은 의미가 있다. 과거 어렸을 적에는 가을, 겨울에 1~2개월에 한 번 시내의 목욕탕을 가던 게 전부였다. 그런데 언제부터인가는 사우나를 자주 가지 않으면 갑갑하게 느껴질 정도로 사우나가 좋다. 사우나를 하면 온몸을 깨끗하게 씻어 개운해지는 기쁨이 가장 크다. 또한 바쁘고 긴

장된 삶 속에서 찌든 온몸의 뭉쳐진 근육을 풀어 이완시켜 주고, 마음을 진정시켜 주는 효과 때문에 자주 가게 되는 것 같다.

나는 남들처럼 건강한 보통 사람이 아니다. 교통사고를 당한 지 30년이 넘었어도 아직 후유증으로 늘 등과 허리 근육이 뭉치고 아파서 고생하고 있어 반 장애인이라 할 수 있다. 게다가 장거리를 자주 운전하기 때문에 뭉친 근육을 풀어 주지 않으면 통증이 악화되어 사우나를 하지 않고는 견디기 힘들 때가 많다. 사우나는 내게 병원에 가는 것과 같다.

그러나 사우나를 자주 가는 이유는 그런 물리적인 면보다는 정신적인 면이 더 큰 것 같다. 목욕탕은 과거 아버지와 함께 목욕하면서 서로 등도 밀어 주고 "별일은 없냐?"고 하시면서 "난 네가 잘 알아서 하리라 믿는다"고 말씀하시던 아버지와의 추억이 가장 많이 떠오르는 곳이기 때문이다.

또한 사우나는 벌거벗은 사람들 속에서 내게 많은 것들을 생각하게 하는 공부의 장이기도 하다. 목욕탕에서는 부자이든 가난한 사람이든, 배운 자든 못 배운 자든, 누구나 다 옷을 벗어야 한다. 직위가 높든 낮든 아무런 계급장도 없고 부하직원도 없이 홀로 벌거벗고 앉아 있는 곳이다. 어떤 이는 편안한 얼굴로, 어떤 이는 걱정에 가득 찬 얼굴로 앉아 있는 그야말로 각양각색의 모습을 볼 수 있다.

사우나는 이렇게 많은 군상 속에서 나는 행복한가를 스스로 묻고 나 자신을 돌이켜 보게 만드는 소중한 공간이다. 게다가 탕 안에는 핸드폰도 갖고 들어가지 않기 때문에 잠시 외부와의 연락도 끊고 세파에서 벗어날 수 있는 안식처이기도 하다.

나는 사우나에서 때밀이에게 때를 밀어달라고 하지 않는다. 내 몸 하나 씻는데 건방지게 남의 손을 쓰고 싶지 않기 때문이다. 비록 지금은 살 만

하더라도 가난한 삶 속에서 힘들게 일하셨던 아버지를 생각하기에 내 몸 하나 씻으면서 남의 손을 빌리고 싶지는 않다.

또한, 아버지가 등을 밀어 주시며 말씀하셨던 그 소중한 추억을 때 미는 사람의 손길로 훼손시키고 싶지 않아서이다. 대부분 혼자 사우나를 가는데 가끔 아들과 함께 갈 때 내 마음이 그렇게 좋을 수가 없다. 나도 아버지께 받은 좋은 추억을 아들에게 전해 줄 좋은 기회이기 때문이다.

나는 주로 새벽에 사우나를 간다. 새벽에 가면 조금 더 깨끗한 물과 조용한 상태를 즐길 수 있다. 낮에 가면 워낙 사람들이 많고 시끄럽기에 편안하지 않다. 새벽에는 노인들이 많이 온다. 나이 드신 노인들을 보면서 나는 어떤 모습으로 늙어 가고 있는지 생각하게 된다.

요즘처럼 바쁘고 정신없이 살아가는 세상에서 잠시나마 일도 잊고 쉴 수 있는 곳이 있는 사우나는 내게 큰 휴식처이다. 핸드폰도 잊고 심신의 휴식을 취할 수 있는 작은 여유가 있는 것 자체도 감사한 일이라 생각한다.

16
이명과 돌발성 난청

나는 2009년에 이명이 생겨서 아직도 고생하고 있다. 2017년에는 돌발성 난청까지 생겨서 큰 고생을 하였다. 이명과 난청은 어느 날 엄청난 스트레스로 인해 어느 순간 갑자기 생긴 것으로 쉽게 치료가 되지 않는 난치병이고 견디기가 어렵다. 그러나 나는 이를 나의 마음공부의 기회로 삼고 이겨 내고자 노력하고 있다.

이명과 난청은 그냥 아픈 통증이 아니라 귀에서의 견디기 힘든 심한 소음으로 인해 불면증과 함께 안정을 취하기 힘든 괴로운 병이다. 가뜩이나 1990년, 1992년의 두 차례의 교통사고 후유증으로 목과 허리의 통증 때문에 고생했던 내가 다시 또 이런 난치병이 생겼으니 고난이 끊이지 않는다는 생각이 든다.

이명은 심한 스트레스가 누적되며 생겼다. 화가 심하게 나자 갑자기 뇌의 압력이 폭발하듯 상승하다가 압력밥솥의 증기 밸브가 열리듯이 내 귀에서 쒸~ 하는 소리가 나기 시작했다. 마치 이륙 직전의 항공기의 제트엔진 뒤에 서 있는 것 같이 머리 전체가 소음으로 시끄럽고, 머리의 진동이 나를 고통스럽게 하였다.

이명이 생긴 후 여러 병원을 가 봤지만 아무 소용이 없었다. 그저 혈액

순환개선제와 신경안정제를 먹고 자는 것, 견과류를 먹으라는 내용이 대부분이었다. 이명 발생 후 초기에는 머릿속이 계속 진동하며 엄청난 소음이 계속되었다. 신경안정제를 먹어도 잠을 자도 잔 것 같지 않고, 아침에 일어나면 약 기운 때문에 정신을 차릴 수 없었다. 심지어는 꿈인지 현실인지 분간하기가 어려울 정도였다.

처음에는 심한 소음과 진동이 내게 가장 고통스러웠지만 한 달, 두 달 시간이 지나면서는 이게 치료조차 기대하기 어려운 난치병이라는 게 나를 힘들게 했다. 내 정신력이 이 정도밖에 안 되느냐라는 자신에 대한 실망감과 내 몸이 내 정신을 제대로 못 따라 준다는 사실에 화가 났다.

나는 목과 귀 주변의 두피의 근육들이 엄청나게 경직되어 있어 아무리 마사지를 계속 받아도 풀리지 않았다. 사우나와 숯가마에 가서 땀을 빼도 이명도, 근육의 경직도 나아지지 않았다. 아무런 호전이 없다 보니 정신적으로 견디기가 어려웠다.

어느 날 고교 동창 모임에 나갔다가 동창들에게 이명 때문에 몸이 좀 안 좋아서 자주 보기는 어렵다고 말했더니 옆에 앉았던 함천주란 친구가 자기가 내 이명을 고쳐 줄 테니 시간 나면 자기에게 오라고 하였다. 그동안 온갖 치료에도 아무 소용이 없었는데, 학창 시절 껄렁껄렁했던 친구가 치료해 주겠다니 말이라도 고맙다면서 웃음이 나왔다.

그러던 어느 날 시간이 나기에 그 친구를 방문했다. 그는 나를 눕혀 놓고 엉뚱하게도 발부터 만지기 시작했다. 그는 근막통증 치료의 전문가로 귀의 문제를 치료하기에 앞서 내 몸의 무너진 몸의 균형을 다시 찾아 주고, 귀 주변의 엄청나게 경직된 근육을 이완시켜 주었다. 그는 뭉쳐지고 통증이 있는 근육을 쉽고 정확히 잘 찾아냈다.

특이한 것은 마사지 같은 방법으로 뭉친 근육을 풀어 주는 게 아니라 2~3분 정도의 짧은 시간 동안 그 부분을 잡고 있으면 마치 마술처럼 통증이 완화되었다. 등과 목, 뒷머리, 이마 옆 등의 뭉치고 경직된 근육을 풀어 주고 나니 이명이 많이 완화되었고, 심지어는 치료 중에 잠들어 버리는 일이 빈번했다.

나는 이명이 단순한 귀의 청각기관의 문제가 아닌 귀를 둘러싼 두피 근육과 목의 근육들이 매우 밀접하게 관계된 것을 알았다. 심신의 안정도 매우 중요함을 알게 되었다. 이명은 상당히 호전되었지만 늘 신경 쓰는 일들, 화나는 일들 때문에 다시 악화되는 일이 반복되고 있다.

비록 15년 넘게 이명으로 고생하고 있지만 많은 변화를 경험하며 이제는 조금 여유로운 마음으로 이를 받아들이고 있다. 정말 아주 좋았을 때는 내가 가장 이명이 심했을 때의 5% 정도 수준까지 회복되기도 했다. 내가 일에 신경을 끊고 편안한 마음으로 지내면 완치까지도 가능할 것 같다. 그렇지만 건강만 찾자고 일을 다 외면하고 지낼 수는 없는 일이다. 아무런 의미 없는 건강만 지키는 삶은 내가 원하는 삶이 아니기 때문이다.

2017년 탈원전에 앞장서는 몇몇 국회의원들의 예산 삭감에 스트레스로 난청이 생겼다. 국회에서 나와 지하철을 타고 가는 중 갑자기 안내방송이 모기소리 같이 앵앵거리더니 내 한쪽 얼굴이 감각이 없어지는 것을 알게 되었다. 귀와 얼굴을 만져 봐도 이미 한쪽 귀가 소리는 들리지 않았고, 감각도 없어졌다.

게다가 안 들리던 귀에서는 삐익~ 하는 엄청난 소음이 계속되었다. 대전으로 내려갈 수가 없어서 아이들이 사는 서울집에서 잠을 자고 다음날 이비인후과를 찾았다. 다행히 고단위 스테로이드 치료로 난청이 회복되었다. 그렇지만 회복된 난청은 다시 또 국회에 가면 재발하기 일쑤였다. 연구원들의 노고가 모욕당하고 모든 예산이 삭감되는 상식 이하의 일들에 화가 났기 때문이다. 화가 어느 정도 수준에만 이르면 마치 방아쇠가 당겨지듯 난청이 재발하였다.

난청의 재발로 인해 다시 이비인후과를 찾으니 원장은 내게 미쳤냐며, 직장 일이 어떻게 되든지 다 끊고 병가를 내고 쉬지 않으면 다시는 회복하기 어렵다고 경고했다. 하지만 나는 일을 해결하지 못한 채 중도에 포기하고 나 혼자만 살자고 피할 수가 없었다.

난청으로 인해 추석 명절 기간에도 약을 먹고 거의 잠만 자면서 지내야 했다. 가족과 함께 가기로 했던 여수 여행도 포기했다. 혼자 빈집에 남아 한쪽 귀는 이명으로, 한쪽 귀는 난청으로 괴로워하며 고통스런 명절을 보냈다. 누구도 나를 도와줄 수 없었기에 차라리 혼자 지냈던 것이 나았다. 다행히 나는 우리 예산을 살리는 데 성공했고, 며칠씩 병가를 내면서 회복할 수 있었다.

나는 난청을 회복한 것도 감사하지만, 내가 끝까지 포기하지 않고 직장의 예산을 해결한 후에 회복했기에 마음이 더욱 편안했다. 만일 내가 난청의 재발 걱정 때문에 일을 외면하고 일이 망쳐졌다면 심적으로 크게 고통을 받았을 것이다. 비록 몇 차례의 재발을 겪으며 우여곡절 끝에 난청은 회복되었지만, 스테로이드 후유증으로 다시 고생해야 했다. 온몸이 통통 붓고, 살이 찌며 피부 트러블이 생기는 등 한참을 고생했다.

나는 난청은 회복했지만 언제든 재발할 수 있는 상태이고, 이명도 가장 심했을 때보다는 많이 좋아졌지만 아직도 불편하다. 지금이라도 만사를 잊고 내 건강관리에만 전념하면 거의 회복할 수 있다고 생각한다. 그렇지만 비겁하게 내 건강만을 위해 애쓰고 싶지는 않다. 직장이든 집안이든 조금 더 나아진 상태로 만들어 놓고 쉬어야 마음이 더 편할 것 같다는 생각이다. 그 후에 취하는 휴식이 정말 달콤한 휴식이 아닐까?

17

최상위 포식자

2017년 미국 출장 중 현지에 파견 중인 직원에게 내가 '최상위 포식자'라는 말을 들었다. 그는 약 20년 전 그가 신입 직원 때 나와 함께 해외 출장을 다녀 온 내가 매우 아끼는 똑똑한 직원이다. 그는 십 년을 넘게 내 부서에서 함께 일하며 과제 책임자도 했고, 나를 잘 파악하고 있는 직원이었다.

포식자란 말을 듣고 처음에는 매우 부적절한 비유라고 생각했었다. 보직자 대부분이 눈치를 보고 중요한 결정을 미루는데, 나는 어떤 사안에 대한 건의를 받았을 때 조치가 필요한 일이라면 바로 결정하고, 거침없이 액션을 취하여 일을 해결하는 모습을 보이기에 최상위 포식자라고 생각한다는 것이다. 그의 얘기를 듣고 나름대로 좋은 의미가 있는 말이라 생각되었다.

포식자에게는 강한 이빨과 발톱, 스피드 등 좋은 무기가 있다. 그러나 가장 강력한 무기는 사냥감을 선정하고, 공략 방법을 세워 추진하는 전략이다. 스피드만 따지면 가젤이나 얼룩말이 훨씬 더 빠를 것이다. 힘으로 따지면 버펄로가 더 셀 것이다. 그런데도 이들 초식동물이 사냥당하는 이유는 공격용 무기가 없는 탓이 크다. 그러나 가장 큰 이유는 이들이 무리 지어 살면서도 서로 자신들의 안전을 위한 팀플레이를 못 해서 하나씩 당하는 것이다.

나는 호랑이처럼 홀로 사냥하는 최상위 포식자보다는 팀원들 모두 철저한 팀플레이로 큰 먹이를 사냥하는 늑대와 같은 최상위 '팀포식자'를 꿈꾼다. 나 혼자만 잘하면 되는 게 아니라, 내 상사와 부하직원들이 모두 서로가 맡은 역할을 제대로 해서 멋진 드림팀으로 좋은 성과를 내는 게 나의 꿈이다. 나는 개인적으로는 많은 일들을 최상위 포식자처럼 성공적으로 해냈지만, 팀포식자처럼 팀원들과 함께 많은 성과를 낸 것에 큰 보람을 느낀다.

나는 노조 일을 하는 4년 동안 멋진 팀원들과 함께 좋은 성과를 냈다. 3년 넘게 연구개발 최고 책임자인 소장직을 맡아 부장들과 함께 대형 프로젝트인 예비 타당성 조사 사업을 2건을 성공시켰다. 팀원들 모두가 서로 신뢰와 소통 속에서 일을 이뤄낸 최상위 팀포식자로서의 좋은 성과였다. 나는 항상 팀원들에게 감사하며, 즐겁고 보람된 추억으로 생각하고 있다.

나는 후배 직원들을 잘 도와줘서 다들 멋진 팀포식자로 만들고 싶다. 팀포식자는 혼자만 잘해서는 안 된다. 구성원들의 자질도 좋아야 하고 팀플레이 마인드가 있어야 한다. 머리 역할이든 발바닥 역할이든 각자에게 잘 맞거나, 팀이 요구하는 일에 최선을 다하려는 마음과 그 역할에 맞는 실력이 함께 있어야만 한다.

포식자도 수준이 있다. 하이에나와 같은 포식자는 절대 신선한 고기를 먹을 수 없고 청소부가 될 뿐 절대 최상위 포식자는 될 수 없다. 치타가 아무리 빨라서 사냥을 잘해도 절대 큰 사냥감을 잡을 수가 없다. 작은 체구에 단독으로 사냥하는 포식자의 한계 때문이다.

그러나 늑대는 철저한 팀플레이와 치밀한 작전으로 심지어는 곰과 같은 상위 포식자도 사냥하기도 하기에 늑대를 최상위 팀포식자라고 부르고 싶다. 팀포식자들의 팀워크의 힘은 경이롭다. 이런 최상위 팀포식자가 되기 위해서는 팀원 모두가 제대로 된 역할을 해야만 한다. 어느 한 멤버가 역할을 제대로 못 하거나 팀워크를 깨면 어떤 일도 제대로 할 수 없고 조직을 망치게 된다.

직장에서도 마찬가지이다. 몇몇 함량 미달자들이 항상 큰일을 망친다. 이런 사람들은 차라리 없는 게 낫기에 빨리 제거해야 조직이 제대로 돌아갈 수 있다. 보직자를 잘 선정하고 적재적소에 임명하는 것은 최고 리더인 기관장의 가장 중요한 역할이다. 그래서 인사를 보면 그의 리더십을 볼 수 있는 것이다.

젊은 직원들을 잘 훈련 시키고 잘 성장하도록 도와주는 게 매우 중요하다. 중견 직원들은 매니저로 성장할 수 있게 해 줘야 한다. 조직에서 시스템을 아무리 좋게 해도 사람의 문제가 더 중요하다. 기관이 아무리 잘하려 해도 그걸 제대로 받쳐 주고 이행할 사람이 없으면 아무것도 제대로 할 수 없다. 최상위 팀포식자들의 사냥과 같은 그런 멋진 플레이를 하는 조직만이 진정한 성공을 만들어 낼 수 있다.

18

실력자와 전문가

 실력자는 결정적인 순간에 능력의 차이와 가치를 입증한다. 변호사, 의사, 세무사, 법무사 등의 전문직들은 각자 영역에서 비슷한 실력을 가질 것으로 생각할 수 있겠지만 실상 그들의 판단은 그들의 실력에 따라 전혀 다른 결과를 가져올 수 있다.

 나는 직장생활 첫해에 한 직원의 어음에 이서를 해 주는 실수를 저질렀다. 얼마 후 그 직원은 도주했고 나는 사채업자에게 어음 복사본을 받으며 돈을 대신 갚으라는 독촉에 시달렸다. 내 월급의 세 배에 해당하는 큰돈이었다. 나는 어음 복사본을 갖고 법무사, 변호사 사무실들을 돌아다니며 상담을 해 봤지만 내가 100% 변상해야 한다고 했다.

 친한 선배가 자신이 아는 변호사에게 얘기해 놨으니 상담을 받아 보라고 했다. 이미 여러 곳에서 절망적인 얘기를 들은 터라 아무런 기대도 없이 찾아갔다. 그런데 아무 변상 책임이 없다는 뜻밖의 답변을 들었다. 나는 너무 기뻤지만 너무나 다른 판단이 이해하기 어려워 그 이유를 물었다. 어음은 일종의 유가증권으로 정형성이 맞아야 하는데, 이 어음은 아무 연관이 없는 내가 채무자가 아닌 채권자란에 서명한 것이기 때문에 휴지 조각에 불과하단 것이다. 결국 사채업자도 내게는 변상 의무가 없다는 것을 알고 포기하고 말았다.

    실력자와 실력자가 아닌 사람의 능력이나 판단은 중요한 순간에 엄청난 차이를 가져온다. 기술적 판단은 다수의 의견이 중요하지 않을 수 있다. 더욱 큰 사안, 더욱 중요한 사안에 대해서는 다수의 의견보다도 제대로 된 실력자의 의견을 듣고, 그 판단의 근거가 무엇인지를 아는 것이 정말 중요하다.

    연구원에 근무하다 보니 직원들 상당수가 박사인 것은 물론, 관련 기관 관계자들 중에도 박사들이 많이 있다. 교수들은 특별한 경우를 제외하고 거의 박사들이다. 일반인들이 박사, 교수라고 하면, 다들 전문가라고 생각하겠지만, 그렇지 않은 경우가 종종 있다. 전문직도 모두 전문가라고 말하기는 어렵다.

    일반적으로 학부를 졸업하고, 석사과정을 포함하면 약 5년에서 8년 정도를 공부해서 박사학위를 받는다. 박사학위 과정만 7~8년 정도를 하는 사람들도 있다. 의사들도 전문의 과정까지는 물론 의학박사가 되기 위해서는 정말 기나긴 시간을 공부해야 한다. 그렇게 공부해도 명의로 인정받는 건 정말 힘들다.

    연구기관의 경우 박사학위 취득 후 채용이 되어도 선임연구원부터 시작하기에 약 8~9년 정도 경력이 지나야 책임연구원이 된다. 따라서 책임연구원이며, 박사에다가 부서장 보직까지 맡고 있으면 전문가라고 생각하기 쉽다. 그러나 높은 보직과 전문성이 비례하지도 않으며, 전문가가 되기에 20년도 부족할 수 있다. 같은 일을 30년 했다고 실력이 확장되진 않는다.

    왜냐하면 박사학위란 한 분야를 폭 넓게 보는 것이 아니라 한 특정 분야에 대해 깊이 봤을 뿐, 전체 시스템을 보는 훈련을 한 게 아니기 때문이다. 정말 실력자, 전문가가 되기 위해선 그 분야는 물론 전체를 함께 볼 줄 아는 넓은 시야와 새로운 걸 받아들일 수 있는 사고의 유연성이 있어야 한다.

자신이 맡은 한 분야를 좀 안다고 해서, 전체 시스템을 모르면서 자칭 전문가라고 얘기하는 경우가 있는데 매우 안타깝다는 생각이 든다. 전체 시스템을 보면서도 한 분야가 다른 분야에 어떻게 유기적인 영향을 미치는지를 알면서 그 분야의 최적의 해법을 아는 사람이 진짜 전문가이다.

19

KTX에서 흘린 눈물

2019년 10월 '핵주기환경연구소' 소장으로 임명된 후, 내 업무의 상당 부분은 사용후핵연료 관련 연구와 관리 정책에 대한 법적 장치를 제도화하는 데 집중되었다. 기관장이신 박원석 원장님은 2017, 2018년의 예산 파동을 함께 이겨 낸 분이시기에 이런 법적 체계를 구축하자는 것에 대해 나와 완전히 의견이 일치하였다.

나는 원자력계의 많은 교수들, 관계 기관의 책임자들을 만나 협력 방안을 논의했다. 국회의 특별법 제정에 의견을 모아서 국회와 학회에서 많은 토론회를 개최하였다. 내가 사용후핵연료 관리에 관한 연구개발 총괄 책임자이기에 특별법 준비를 주도해야 했다. 그러다 보니 나는 담당부장과 함께 국회를 자주 다녀야만 했고 자연스럽게 많은 교수들과 협력을 논의하였다.

2022년 4월 1일 국회 출장을 마치고 대전으로 내려오고 있었다. 박 원장님께 전화가 와서 어디냐고 물으시기에 KTX로 내려가는 중이라고 답했다. 박 원장님은 그럼 자리에서 일어나서 전화 받으러 나가지도 말고, 대답하지도 말고, 그냥 듣기만 하라며 말씀을 하셨다.

《많은 재산을 물려줘도 그 재산을 지키지 못하는 자식이 많다. 반면 변변찮은 환경에서도 집안을 일으키는 자식이 있는데, 나는 구소장이 후자

제2장 에피소드   **177**

라고 생각한다. 사람들이 구소장이 원장을 하려고 로비하러 다닌다고 엉뚱한 소리들을 하는데, 혹시라도 이런 말을 듣더라도 전혀 신경 쓰지 마라. 나는 … (중략) … 한다. 나는 구소장이 만나는 사람들이 일 땜에 만나는 사람들임을 잘 안다. 공연히 다른 사람들의 얘기에 흔들리지 말고 잘 해 달라……》

원장님의 말씀을 들으며 어느새 내 눈에는 뜨거운 눈물이 흘러내리고 있었다. 늘 견제와 시기 속에서 살았는데 직장생활 35년 만에 내가 존경하고, 가장 열정적으로 일하시는 원장님께 극찬을 들은 것이다. 많은 이들이

박원석 (전)원장님과 함께

나를 모함했어도 그들의 말이 터무니없음을 아시고 나에 대한 신뢰를 놓지 않으신 것이다. 박 원장님과 3년 가까이 함께 일했기에 그분의 따뜻한 마음을 알고 있었지만 기관장이 이렇게 세심한 배려까지 해 주실 줄은 몰랐다.

왜들 그렇게 있지도 않은 일을 사실처럼 모함하는 말을 하는지 이해할 수 없는 일이지만, 이런 말들을 다 물리치시고 내게 일에 전념하도록 독려하신 박 원장님의 리더십은 많은 기관장들을 봤던 나로서도 상상할 수 없는 것이었다. 이런 기관장과 함께 일한 것은 내게는 정말 큰 기쁨이었다.

박 원장님께서 원장직을 마치신 후에도 편하게 만나며 지내는데, 사람들의 얘기보다도 직접 겪고 보니까 사람을 제대로 알 수 있다고 말씀하신다. 대부분 사람들이 처음에는 제대로 몰라도 일을 해 보고 시간이 지난 후에 그 진가를 알게 된다는 것이다.

20
그때 그날

　자주 있는 일은 아니지만, 요즘도 가끔 어린 시절인 초등학교 3, 4학년 때의 기억을 떠올리게 된다. 돼지죽을 주고 난 후 힘들어서 돼지우리 앞에 쭈그려 앉아서 햇볕을 쬐던 때의 생각이다. 내가 어른이 되면 어떻게 살아야 하나 하는 생각에 가슴이 먹먹했었다. 그러나 이제는 막막하기만 했던 그때의 생각이 내게 늘 감사하는 마음을 샘솟게 한다.
　어린 나이였지만, 하루하루 반복되는 노동이 힘들어 지쳐서 맥없이 주저앉아 쉬었다. 무엇을 어떻게 해야 내가 이 세상을 잘 헤쳐 나갈 수 있는지 아무런 긍정적 여건도 없었고, 아무런 조언도 들을 수 없었다. 피로에 지친 얼굴에 비치는 햇살의 따뜻함만이 나를 위로해 주었다. 이런 어린 시절의 경험 때문에 나는 어려운 사람들이나 후배들을 보면 도와주고 길을 가르쳐 주고, 조언해 주는 일에 마음을 아끼지 않는 것 같다.
　아직도 갚아야 할 대출금이 있지만 경제적으로는 큰 걱정 없이 살고 있다. 검소하면서도 나름 여유를 즐기며 살아갈 것이다. 어려움은 이겨 냈지만 지만히지 않고, 늘 감사하며, 끊임없이 노력하며 살고사 한다. 아버지가 일찍 돌아가셔서 효도할 기회조차 없었다. 그러나 아버지께서 나를 믿어 주신 신뢰와 사랑에 보답하는 길은 어머니와 동생들을 잘 보살피면서 사는 길이라 생각하고 열심히 살아왔다.

　동생들은 다 각자의 가정을 꾸려 독립한 지 오래고, 어머님도 노년에는 경제적으로 걱정 없이 지내시다 돌아가셨으며, 자녀들도 다 가정을 이뤘기에 이제는 아무 부담 없이 편안한 마음으로 살면 된다.

　경제적으로 여유가 생긴 자체보다도 내가 노력해서 무엇인가 성취했다는 것, 그리고 계속 무엇인가를 성취해 나가고 있다는 것이 내게는 더 큰 기쁨이다. 지금도 내가 무엇을 성취하고자 하는 것은 부족한 무엇을 채우기 위한 것이라기보다는 내게 넘치는 에너지를 보람 있게 활용하기 위한 것이니 그 또한 감사한 일이다.

　몸도 지치고 어떻게 살아갈지 개념조차 없이 돼지우리 앞에서 햇볕을 쬐며 달콤한 휴식과 함께 막연하게 미래를 생각하던 그 소년은 아직도 내 안에 있다. 그러나 그 소년은 더 이상 막막하지 않다. 이제 중년이 된 오늘은 그냥 온 것이 아니라, 그때 그날의 막막하기만 했던 기억을 잊지 않고 자만하지 않으며 끊임없이 어려움을 극복하며 살아왔기에 있는 것이다. 많은 일들을 이겨 내며 지나온 인생을 돌이켜 보고, 앞으로 살아갈 일들을 생각하며 이 글을 쓰고 있는 것이다.

제 3 장

나의 생각

1
나는 누구인가?

'나는 누구인가?' 이것은 내가 20년 이상 수련하며 끊임없이 가슴 속 저 바닥에서부터 솟아나는 물음이다. 나는 누구이며, 어떻게 살아야 하는가? 내가 죽을 때 깨닫고 가져갈 것은 무엇인가에 대해 끊임없이 생각하며 살고 있다.

나는 공학을 전공한 연구직 직장인이지만 궁극적으로는 도인이라고 생각한다. 그냥 살아가는 것이 아니라 내 삶의 의미를 깨닫고 싶다는 생각으로 살기 때문이다. 도인에게는 도인으로서의 운명이 있다. 그야말로 '길가는 이', 인생길을 걷는 나그네로서 작은 일에 초연하며 유유자적하며 사는 길을 걷고자 한다.

과거에 힘들었을 때는 내가 정말 운이 나쁘다고 비관적으로 생각했다. 그런데 수련하면서 어느 날부터인가 내게 주어진 모든 것들이 다 이유가 있을 거란 생각하게 되었다. 그래서 나는 시련도 당연한 걸로 생각한다. 어느 노래 가사처럼 '내가 이곳에 온 이유'라는 표현이 너무나도 가슴에 와닿았다.

물론 시련을 좋아할 사람은 아무도 없다. 그러나 운명처럼 다가오는 시련은 피할 길이 없다. 그 시련을 이겨 내면서 또 다른 수준으로 생각의 틀을 높여 가는 게 나의 운명인 것 같다. 시련은 아무리 힘들고 싫어도 기꺼이 받아들여야만 하는 것이니 참으로 세상을 살아가는 길이 외롭지 않을 수 없다.

신이 내게 허락한 길은 참으로 오묘하다. 시련과 희열을 함께 주신다. 남들보다 많이 안다는 것, 많이 본다는 것, 많이 느낀다는 것, 용기가 많다는 것을 단순히 좋게 생각할 일이 아니다. 그만큼 피곤할 수밖에 없고, 그만큼 자신이 해야 할 몫을 해야만 하는 것이다.

연봉이 1억인 사람이 연봉 3~4천만 원 정도의 사람과 똑같이 일하려고 해서는 안 된다. 그것은 범죄에 가까운 것이다. 내게 주어진 재능과 의지, 그리고 내게 주어지는 모든 결과에 감사하면서도 그 책임을 다해야 한다. 또한 그만큼 세상에 베풀며 살아가야 한다고 생각한다. 다른 한 편으로는 나는 그냥 평범한 사람처럼 소시민으로 살아가는 게 그립고 부럽다는 생각도 든다.

부자나 성공한 사람들에 대해서는 말도 많고 시기하는 사람도 많다. 그렇기에 기쁜 일도 주변 사람들에게 함부로 말할 수도 없고 해서도 안 된다. 그런 면에서 인생은 참으로 외로운 것이다. 하지만 나의 성공이나 행복을 시기하지도 않고, 남들에게도 내 뒷담화를 하지 않는 좋은 친구들과 지인들을 만나 내 삶을 함께 공유하는 기쁨은 그만큼 더 크다.

친구나 지인의 숫자는 중요하지 않다. 제대로 된 좋은 친구, 좋은 지인 몇 명만 있으면 수많은 소셜미디어 팔로우어가 있는 사람보다 훨씬 낫다. 지위나 재산 등 나의 외적인 부분을 보고 좋아하는 사람은 큰 의미가 없다. 그런 사람들은 내게 그런 것들이 사라졌을 때 언제든 나를 떠날 사람들이기 때문이다.

나는 교통사고 후유증으로 오랫동안 아파하다 겨우 회복이 되었다. 왼쪽 귀에 이명이 생긴 것으로도 부족해 이제는 우측 귀에 난청과 이명을 얻어 또다시 건강을 잃었다. 그러나 나는 이로 인해 좌절하거나 조급해하지 않는다. 이것은 단지 내가 극복해야 할 숙제이기에 반드시 극복해서 나 스스로 일어나겠다고 다짐하며 노력할 뿐이다.

그러나 나는 건강을 잃을까 몸을 사리지 않는 나의 성격과 양심을 존중한다. 내 몸 하나 사리고자 200명에 가까운 부서 직원들이 고통 받고 국가적으로 중요한 과제가 내동댕이쳐지는 것을 방조할 수는 없었다. 그렇기에 나는 최선을 다했다. 그것이 나답게 사는 길이기에 이 또한 나의 운명으로 받아들인다.

결과가 어찌 나오든 최선을 다해야 편안한 마음으로 나의 건강 회복에 매진할 수 있는 것이다. 나는 이기적으로 요령을 피우며 살 수 없는 성격이다. 그것이 도인이 이 혼탁한 세상에서 살아가야 할 길이다. 자신을 아끼려는 자는 도인이 될 수는 없으며 더 큰 가치를 위해 항상 자신을 던질 수 있어야만 한다.

나는 어린이 시절부터 파란만장하게 살아왔지만 나만큼 축복받은 이가 과연 있을까 싶을 정도로 많은 고난을 극복하고 그를 통해 깨달음을 얻으며, 성취와 성공의 길을 걸어온 것에 깊이 감사한다. 아직 마음의 부족함이 너무 크지만 그것은 앞으로도 계속 닦고 채워야 할 공간이기에 양질의 내용으로 채워 나갈 생각이다.

2
내게 소중한 가치들

　시간은 어김없이 흐르고 죽음은 누구도 피할 수 없다. 이렇게 누구도 피할 수 없는 절대적인 숙명 앞에서 주어진 삶을 어떻게 살아갈 것인가는 전적으로 자신에게 달려 있다. 나는 이런 절대적인 숙명을 너무나도 소중하게 생각한다.
　만일 우리가 시간을 되돌릴 수 있다면 세상은 그야말로 혼동 그 자체일 것이다. 언제고 다시 살아볼 수 있기에 후회란 말 자체도 의미가 없을 것이다. 죽지 않는다면 두려워할 것도 없고, 너무 많은 세대가 함께 공존해야 하기에 우리의 삶이 너무나도 복잡해진다.
　그러나 시간과 죽음은 빈부와도 관계가 없고 배운 자든 못 배운 자든 관계없이 모두에게 똑같이 주어지고 찾아온다. 언제 죽을지도 모르는 조건에서 자기의 삶에 주어진 시간을 어떻게 쓸 것인가는 각자가 알아서 결정해야 한다. 그래서 인생의 엄중한 의미가 있는 것이다. 만일 시간이나 죽음을 돈이나 권력 등으로 마음대로 바꿀 수 있다면 정말 가진 것 없고 힘없는 사람들에게 인생은 너무나도 절망적일 것이다.
　내가 행복한 것은 내게 주어진 운명 속에서 내 삶의 가치를 어떻게 이뤄낼 것인가를 생각하면서 살아가고 있기 때문이다. 죽기 전까지 내 열정과 신념을 지키며 살고 싶다. 죽을 때는 후회 없이 편안하고 홀가분한 마음으로 내 삶을 마치고 싶다.

돈이든 명예든, 아무리 큰 성공을 거뒀다고 하더라도 당당하지 못하게 얻은 것이라면 그건 진정한 성공이 아니다. 비록 그렇게 해서 성공할 수 있다 해도 그건 내가 가야 할 길이 아니다. 비록 힘든 길을 가게 되더라도 나는 내 자신에게 당당한 길을 갈 것이다. 중요한 것은 무엇을 하든 내 자신에게 당당한 길을 가는 것이다.

나도 인간이기에 장점도 단점도 있고, 실수도 실패도 많았다. 이 모든 건 내가 만든 것들이기에 옳은 일만 한 것도 아니고, 좋은 일만 있었던 것도 아니다. 비록 후회도 시행착오도 많이 있었지만 이 정도의 현재를 이뤄낸 것이 너무나도 감사한 일이다. 이 감사함의 가장 큰 이유는 내가 비굴하지 않고, 정직하면서도 당당하게 소신껏 살아왔다는 자부심 때문일 것이다.

나의 신념을 지키기 위해서는 나중이 아닌 지금 현재의 시간을 소중하고 가치 있게 생각하며, 나 자신이 후회하지 않게 살고자 한다. 자식들에게도 부끄럽지 않은 아버지가 되고, 내가 아버지께 받은 사랑을 그들이 느끼고, 행복하고 당당하게 살아가도록 해 주는 것이 내가 원하는 바이다. 가족이기 때문에 자식을 무조건 감싸 주기보다는 당당하게 사는 삶의 가치를 가르쳐 주고, 당당하게 사는 내가 그들의 아버지란 사실을 자랑스럽게 느끼도록 살아가고자 한다.

3
우주의 주인공

 나는 자식들이나 주변의 청소년들에게 이야기할 기회가 있을 때면 '너 자신이 이 우주의 주인공이다'라고 말해 주고 스스로에게 자존감과 자부심을 가지라고 말한다. 자존감과 자부심은 자만심과는 다른 것이다. 스스로 자신의 가치를 알고 존중해야만이 함부로 행동하지도 않을 뿐만 아니라, 힘들고 어려운 일이 있어도 힘을 내고 이를 극복할 수 있기 때문이다.
 이 세상의 모든 것이 자기 자신이 없으면 아무 의미도 없기에 - 물론 세상은 나 자신이나 우리 누구 하나 없어도 아무 일 없다는 듯이 돌아가겠지만 - 자신의 가치를 스스로 지켜 가면서 살아야 한다. 남들이 나를 어떻게 생각하든, 남들이 나를 알아주든 알아주지 않든, 중요한 것은 자기 스스로 당당하게 살아가는 것이다.
 내가 자신감이 없고 지치면 누가 나를 위로해 주고, 누가 내게 일어설 힘을 주겠는가? 나를 지키고 아끼고 사랑해 줄 사람은 내 자신이다. 스스로 힘을 내고 자신감이 있어야 험하고 외로운 세상을 헤쳐 나갈 수 있는 것이며, 주변의 어려운 사람을 도울 수도 있는 것이다.
 힘이 약하고 가난하다고 나쁜 사람은 아니며, 남에게 도움을 받는 일이 나쁜 것도 아니다. 그러나 남에게 도움을 받는 것보다도 도움을 주는 게 더욱 기쁘다는 것을 알고, 스스로 그런 능력을 갖추는 것이 더 좋다.

누가 뭐라 했고, 어떤 책에 이러한 내용이 나와 있더라 하며 남의 말만 전하는 사람들이 많다. 누군가의 강연이나 독서를 통해 여러 지식을 습득할 수는 있으나, 자신의 생각으로 체화시키지 않고 단순히 남의 논리와 남의 주장을 갖고 자신의 주장을 합리화하려고 하는 사람은 진정한 자신만의 논리가 부족하다. 부족한 자신을 감추며 자신이 뭘 많이 알고 있는 것처럼 남의 말을 빌려 쓰기만 하는 사람은 아무 의미가 없다. 글을 아무리 길게 써도 결국은 내가 뭘 주장하는지를 말해야 하기 때문이다.

자신 주장의 논리나 근거를 내면화된 자신 생각을 바탕으로 말하지 못한다면 남의 말만 옮기는 앵무새에 불과한 것이다. 시청했던 영화의 이야기만 하지 말고, 나의 인생이라는 영화를 만들며 그 주인공으로 살아가자. 백만 관객이 찾는다고 다 좋은 영화가 아니라 내가 감동받아야 정말 멋있는 영화다.

남을 시기하고 뒤에서 비난하고 시간을 헛되이 보내는 사람은 결코 자신이 이 우주에서 주인공이 될 수 없다. 남이나 주변 환경 탓을 많이 하는 사람은 자기가 주인공이면서도 자신이 이 세상의 주인공이란 생각조차 하지 못하기 때문이다.

스스로 일어서서 자신에게 주어진 일들을 기쁜 마음으로 극복해 나가는 사람만이 행복 속에서 자신이 이 우주의 주인공임을 알게 된다. 매사에 승승장구하며 부와 명예를 이루고, 높은 직위에 올라야만 행복한 것은 아니다. 비록 소소하더라도 자신이 소망하는 일들을 하나씩 이루어 나가면서 자신의 존재가치를 스스로 알면서 사는 사람은 삶의 질이 다르다.

진정한 삶의 가치는 남들이 나를 알아주는 것에 있는 것이 아니라 자신이 스스로 깨닫는 것이다. 이것은 유아독존, 자아도취가 아니라 행복을 깨닫는 방법을 말하는 것이다. 행복은 남들이 만들어 주는 것이 아니고, 남들에게 얻는 것도 아니며, 스스로 만드는 것이다.

4
시련의 가치

 예기치 못하게 닥치게 되는 시련이란 누구에게나 참으로 힘들고 고통스러운 것이다. 그러나 시련을 잘 극복하면 시련을 이겨 내는 동안 자신 내면의 부족한 부분을 채우고 다지며, 자신의 인격을 더욱 승화시킬 수 있는 계기가 될 수도 있다. 그래서 시련을 대하는 자세에 따라 우리의 삶은 크게 달라진다.
 더러는 시련에서 벗어나지 못하고 좌절하며 고통 속에서 살아가기도 한다. 그러나 어떤 이들은 시련을 잘 이겨 내고, 이를 잘 승화시켜 한 차원 더 높은 인생을 살아갈 수 있는 계기로 삼기도 한다. 이처럼 누구에게나 닥치는 시련은 당연히 극복해야겠지만, 단순한 극복 이상의 가치를 가질 수 있도록 시련을 더욱 가치 있게 활용하도록 하자.
 어렸을 적에 겪었던 가난은 내게 가난의 고통을 잘 알게 해 줬기에 가난을 극복한 지금의 삶이 얼마나 다행스럽고 감사한지를 잘 알게 해 준다. 물론 나와 같은 정도의 경제적 수준의 삶을 살고 있더라도 가난을 겪어 보지 않은 사람은 현재 내가 느끼는 것과 같은 행복감을 느낄 수 없을 것이다.
 내가 가난해 보지 않았다면 가난한 사람들의 고통을 몰랐을 것이나, 그 어려움을 잘 알기에 그들을 배려하는 마음을 갖게 되었다. 그래서 나는 그런 힘든 가난에서 벗어나게 된 것에 감사하며 사는 것이다. 집안의 풍파가 없었다면 정의롭지 않은 게 얼마나 많은 사람에게 고통을 주는지 몰랐을 것이다. 친척 형제들의 실패 사례들도 내가 똑바로 사는 데 큰 교훈을 줬다.

32살에 당했던 교통사고로 인해 만 3년을 고생할 때, 내가 간절하게 원했던 것은 정말 평범한 것들이었다. 남들처럼 고통 없이 운전해서 대전집에서 고향인 인천집을 다녀올 수 있게 허리의 통증에서 벗어나는 것이었다. 비록 완쾌는 안 됐지만 지금은 어디든 마음 놓고 장거리를 운전할 수 있으며, 심지어는 골프도 즐기고 있다. 이것은 당시에 내가 기대하고 상상할 수 없는 정도의 기쁨이기에 늘 현재의 삶에 감사하게 생각하고, 건강의 소중함을 잘 알게 해 주는 것이다.

내가 감사하게 생각하는 것은 간단하다. 내가 겪은, 내 인생에 닥친, 여러 시련 속에 빠져서 헤매고 있는 게 아니라, 이런 시련들을 이겨 내고 오늘을 살고 있다는 것이다. 만일 내가 그냥 평탄한 삶을 살았더라면 나는 이런 소소한 것들의 소중함을 잘 몰랐을 것이다.

나는 교통사고 후유증으로 인한 허리 통증으로 그렇게 고생한 것으로도 지칠 지경이었는데, 난치병이라고 불리는 이명에 15년 넘게 시달리다 나중에는 우측 귀에 난청까지 생겨서 고생하고 있다. 이명과 난청 초기에 시끄럽고 안정이 안 되고, 귀 주변의 안면의 신경까지 마비되었을 때는 너무 고통스러워 좌절했있다 나도 인간이기에 현재 겪고 있는 시련에 대해 '내게 왜 또 이런 일이?'라며 내게 닥친 불행과 고통에 대해 불평하고 힘들어하고 있는 것도 사실이다.

아직도 근육의 경직과 이명이라는 불편을 겪고 있지만 더 이상 시련 속에서 좌절하고 분노하던 내가 아니다. 이명도 근육통도 끝내 회복할 수 없을지도 모른다. 그렇지만 이 또한 내게 닥친 내가 이겨 내야 할 숙제라는 생각으로 고통 속에서도 희망의 끈을 놓지 않고, 내게 주어진 시련을 가치 있는 경험으로 승화시키고자 이겨 내도록 노력하며 살 것이다.

5
하늘은 스스로 돕는 자를 돕는다.
범사에 감사하라!

나는 종교에서 말하는 이런 말에 대해 크게 생각해 보지 않았는데, 60대 중반인 지금까지 우여곡절이 많은 삶을 살면서 생각이 많이 달라졌다. 내가 내 욕심을 부리지 않고 남들을 위해 돕기 위해 일을 하다 보면 내가 생각지도 않은 더 좋은 일들이 생기는 걸 많이 경험하였다. '하늘은 스스로 돕는 자를 돕는다'라는 말이 정말 큰 의미가 있는 표현이란 것을 느낀다.

특히 나중에 어떤 보상을 기대하지도 않고 남을 돕거나 나의 이익을 양보한 일이 전혀 생각지도 않은 어느 훗날 내게 더 큰 이득이나 혜택으로 돌아온 경우를 자주 경험했다. 이런 일들을 겪으며 언제나 소리 없이 나를 지켜보고 있다가 나중에 내게 더 큰 상을 주는 누군가가 있다는 느낌을 받았다.

나는 어려서 갑작스럽게 닥친 가난 속에서 어려운 청소년기를 보내며 내 인생에 대해 참 불행하다고 생각했었다. 특히 32살이었던 1992년 봄 어느 날 출근길에 앞에 차들이 밀려 브레이크를 밟을 때 뒤에서 달려오던 차량 두 대에 연속히여 받혔다. 이 사고로 1995년 35살까지 심한 교통사고 후유증으로 시달려야만 했다. 이때 나는 '나는 왜 이렇게 재수가 없을까?'라는 생각을 떨칠 수가 없었다.

그도 그럴 것이 과속할 만한 곳도, 사고가 날 조건도 아니었기 때문이다. 좌회전 차량 때문에 차량 3대가 천천히 정지하던 중 뒷차에 받힌 것뿐인데 충돌 속도나 차량 손상에 비해서 나는 너무나도 오랫동안 목과 허리 통증으로 고생을 하게 된 것이다. 이해할 수 없는 상황을 겪으면서 부정적인 생각을 할 수밖에 없었다.

3년 넘게 온갖 치료를 해도 소용이 없어 아무런 희망도 없이 낙심하고 있었다. 그러던 중 직장 선배의 강력한 권유로 나는 지푸라기라도 잡는 생각으로 1995년 6월 29일 단전호흡을 시작하게 되었다. 도장에 나가 누워서 눈을 감고 단전호흡을 하는데 내 머릿속은 온통 분노와 좌절로 가득 차 있는 것을 알게 되었다. 기수련은 차치하고, 하루에 단 5분만이라도 편안한 마음을 가져 보자는 아주 소박한 목표를 세우고 호흡수련을 계속했다.

단전호흡과 함께 마음의 울분을 가라앉히며 조금씩 마음이 편안하게 되었다. 거북이 등껍질 달라붙듯이 내게 달라붙어 있던 고통스러운 부분들이 서서히 흩어지며 고통이 사라져갔다. 조금이라도 회복되는 것에 감사하는 마음을 갖게 되었다. 감사하는 마음이 클수록 마음은 더욱 편안해졌고, 몸의 고통은 사라지며 개운함이 가득해졌다.

이를 계기로 나는 단전호흡을 아주 깊은 단계까지 수련하면서 매사에 감사하며 사는 마음이 얼마나 자신을 행복하게 하는지 더욱 실감하게 되었다. 단전호흡이나 종교 유무와 관계없이 모든 것에 감사하는 것은 우리의 삶을 더욱 행복하게 해 준다. 범사에 감사하는 삶을 살면서 내 인생은 180도 달라졌다. 봉사하는 마음으로 한 일들이 나중에는 더 큰 보람을 갖게 되는 경우가 많았다.

나는 2007년부터 2010년까지 4년간 노조 지부장으로 일했다. 노조는 여러 사람의 이해관계가 상충되기에 생각보다 복잡하고 어려운 상황에 휘둘리기 쉽다. 서로 싸우고 욕먹는 일들이 다반사이기에 대부분 노조에 관여하기를 꺼린다. 2006년 후반 나는 연구과제책임자로 내정된 상태라 노조 일에 나설 이유가 없었다.

게다가 엉터리 급여제도 때문에 직원들이 첨예하게 반목하고, 이를 도입한 집행부가 책임을 내게 전가하고 있었기에 노조에 관여하는 게 몹시 부담스러운 일이었다. 그러나 나는 오히려 엉터리 제도를 제대로 정비하고 누명도 벗고 봉사하겠다는 마음으로 노조 지부장에 출마하였다.

그 결과, 잘못된 급여제도를 완벽하게 바꾼 것은 물론 많은 제도들을 개선했다. 비록 가족과 내 자신에게 써야 할 소중한 시간을 노조 일에 많이 썼지만 함께 일했던 집행부 동료들 모두 큰 보람을 느꼈다. 내가 발 벗고 나서지 않았다면 우리 직원들은 아직도 심한 반목 속에서 다투고, 나는 누명을 벗지 못하고 있었을 것이다.

요즘은 직원들이 당연하게 생각하지만, 당시 많은 반대에도 불구하고, 출퇴근 시간을 유연하게 해 주는 유연 출퇴근제의 도입과 구내 카페 유치 등 연구원에 유연성과 자율성의 시대를 앞당긴 것은 큰 기쁨이다. 갑자기 상을 당한 직원들이 당황하지 않고, 어른들 장례를 잘 치르도록 상조지원제도를 새롭게 만들며 복지혜택을 늘린 것도 보람을 느낀다.

내 시간을 희생했지만, 일하면서 동료들에게 고맙다며 인정도 받고 성취감을 느끼는 행운도 얻었다. 좋은 동료들과 함께 재미있게 일하는 기쁨도 얻었고, 나의 리더십도 확인할 수 있게 되었다. 정말 하늘은 스스로 돕는 자를 돕는다고 생각한다.

6
인생과 시간, 그리고 Plan B

　우리는 각자 나름대로의 기준을 갖고 인생을 살아가고 있다. 자신이 꿈꾸던 인생을 사는 사람도 있고, 자신이 꿈꾸지도 원하지도 않은 인생을 사는 사람도 있다. 자신의 의지대로 살 수 있는 사람들이 얼마나 있을지는 모르지만 모두들 자신에게 주어진 현실, 자신의 능력, 타인과의 관계에 따라 펼쳐지는 인생을 살아가며 희로애락을 경험하게 된다.

　60대 중반인 지금까지 살아오면서 나름대로 시련과 좌절이 많았고, 내가 전혀 꿈꾸지 않았던 삶을 살기도 했다. 그렇지만 내가 그런 고통 속에서 머물러 있지 않고 빠져나왔다는 것에 감사한다. 내가 스스로 행복하다고 자부하며 살 수 있게 된 것은 많은 어려움을 이겨 내고, 내 인생에 주어진 시간의 가치를 생각하며 늘 최선을 다 하되, 안 되는 경우에 대해서는 Plan B도 생각하며 실행해 왔기 때문이다.

　나는 내게 주어진 시간을 매우 소중하게 생각한다. 그렇다고 시간을 아끼기만 하며 일만 한다는 게 아니다. 내가 쓸데없이 푸념이나 하고, 원망하며 지내는 것보다는 차라리 그 문제를 풀려고 스스로 애쓰든가, 그 문제에 대해 도저히 해결 방안이 없다면 다른 일을 하는 것으로 내 시간을 쓰려고 한다. 그게 내게 주어진 인생의 시간을 소중히 쓰는 방법이다. 자신이 원하고 꿈꾸는 일을 성취하기 위해 끊임없이 노력하는 것은 당연하다. 그러나 운명과도 같이 포기하고 단념해야 할 일이라면 단념하고 다른 곳에 내 열정을 펼치는 게 더 나은 것이다.

내게 주어진 일이나 내가 하고 싶은 일을 완수하는 일은 남에게 의지하기보다는 내가 스스로 나서서 일을 처리하는 것을 좋아한다. 남에게 기대거나 의지해 일을 진행하다가 잘 안되면 실망하고 남을 원망하게 되는 반면, 내가 스스로 하면 더욱 확실하고 남을 탓하는 일도 없다. 스스로 하다 보면 일의 진행 상황도 정확하게 알고, 그 과정에서 더 좋은 해법도 찾을 수 있기 때문이다.

무엇을 부탁하거나 건의할 때는 비록 어렵더라도 직접 하는 것이 자신의 생각을 100% 전달할 수 있다. 타인을 통해 전달할 경우 그 내용과 취지에 대한 전달율은 10% 정도밖에 기대할 수 없다. 물론 본인이 관계된 일은 본인이 말할 경우 효율이 반감되거나 부작용이 더 클 수 있기에 각별히 주의해야 한다.

어쨌거나 안 될 일을 고민하며 인생의 시간을 낭비하기보다는 차라리 다른 일로 인생의 시간을 의미 있게 쓸 수 있도록 늘 인생의 Plan B, C를 갖고 사는 게 행복한 인생의 비결이다. 이처럼 Plan B나 C가 있으면 늘 인생이 재미있고, 생각지도 못한 묘미가 있다. Plan B나 C가 있으면 Plan A가 실패하더라도 좌절하고 실망하는 대신 늘 Plan B나 C로 백업을 할 수 있다. 그러나 Plan B나 C가 있더라도 Plan A의 성공을 위해 최선을 다해야만 비록 Plan A가 좌절되어 Plan B로 변경하더라도 후회가 없는 것이다.

Plan A의 성공을 위해 최선을 다하면서도 언제든 Plan B, C 등을 선택할 수 있게 자신의 능력을 계속 연마하고 갖춰야만 한다. 실패에 대해서도 기꺼이 감내할 마음의 준비를 하고 있어야 한다. 아무리 노력해도 안 되는 실패를 맛보고 추락할 수도 있는 상황도 받아들일 수 있는 준비가 되어 있지 않다면 자신감 있게 행동하기 어렵다.

나 자신이 무엇에 연연하지 않을 수 있는 여유가 있다는 것은 내가 가진 가장 강력한 마음의 힘이다. 어린 시절 겪은 가난과 시련이 나를 강하게 만들어 준 것에 감사한다. 물론 나보다도 더 어려운 환경 속에서 산 사람도 훨씬 많을 것이다. 젊은 시절 더 이상 감내할 수 없을 정도의 어려움을 이미 겪고 살아왔기에 이제 그보다 더 이상 나빠질 상황도 없으니 두려울 것이 없는 것 같다.

내가 무엇에 연연하게 되면 결코 당당할 수 없으며, 당당하지 않으면 행복할 수 없는 것이다. 이것저것 눈치 보며 이 사람 저 사람 얘기에 신경 쓰면서 자신에게 주어진 비스킷 같은 알량한 것들에 만족하며 사는 사람들은 결코 경험하거나 꿈꾸지 못하는 당당함이 주는 행복을 찾아 자기 것으로 만들자. 그런 행복을 갖기 위해서는 늘 Plan B, C, D를 스스로 만들고 찾아내야 한다.

7
부모의 사랑은 어른이 되어서까지도

지금까지 만난 많은 사람을 통해 부모의 사랑이 한 인간의 인생에 얼마나 많은 영향을 미치는지 알게 되었다. 부모의 사랑은 아이가 자라서 성인이 될 때까지뿐만 아니라 중년이 되어서도 큰 영향을 미친다. 나 자신의 삶을 되돌아보면서, 무엇이 내게 실패에 좌절하지 않고 끊임없이 노력하는 힘을 주는가에 대해 생각해 봤을 때 단연코 가장 큰 원인은 부모님의 사랑과 신뢰라고 생각한다.

긍정적인 생각을 갖고 열심히 일하는 사람들의 경우, 대부분 부모님으로부터 사랑을 받고 자랐다. 거의 모든 사안에 대해 삐딱한 시각을 갖고 있거나 자신감이 없는 사람들 대부분이 애정결핍처럼 부모님의 사랑이나 신뢰를 받지 못한 사람인 경우가 상당히 많아 보였다. 그런 사람들은 자신의 잘못을 지적당하거나 자신의 약점이 언급되면 필요 이상으로 발끈해서 화를 낸다.

이런 사례들을 보면서 부모들이 자녀들을 사랑하고 신뢰하면서 키우는 것이 매우 중요하다고 생각한다. 이것은 무조건적 자기 자식 감싸기와는 전혀 다른 것이다. 내 자식이라고 무조건 감싸고 돌면 자기 자신밖에 모르는 외골수 독불장군이나 사회성이 없는 이기적인 사람이 될 수 있으므로 부모의 세밀한 관심이 필요하다.

　지금까지 살아오면서 내가 행복하다고 생각하는 큰 이유 가운데에는 자녀들이 있다. 부모에게는 자식들이 무탈하게 자라면서 본인의 삶을 의지대로 펼치며 살아가는 것을 보는 기쁨이 매우 중요한 행복의 요인이다. 나는 자녀들이 잘 성장해 준 것에 감사하며, 그들이 성취한 것들에 대해 매우 자랑스럽고 고맙게 생각한다.

　내 나이 또래의 부모라면 누구라도 똑같이 느낄 것이지만 자식 때문에 마음고생 안 해 본 부모가 거의 없을 것이다. 비록 자신이 아무리 성공하고 잘 되었다 하더라도 자식 문제로 속을 썩는 경우를 종종 볼 수 있다.

　나 자신의 꿈들을 이뤄 가는 동안 두 자식이 모두 건강하게 잘 자라 주고, 열심히 공부하고 자신의 꿈들을 성취하는 것을 보았다. 자식들이 올바르게 잘 자라고, 좋은 학교를 졸업하고, 번듯한 직장을 갖고, 좋은 짝을 만나 가정을 이루어 자녀를 낳아 잘 키우고 있으니 더 이상 감사하게 생각할 일들이 있겠는가?

　자식을 가르치고 사랑을 주는 일은 쉽지 않은 것 같다. 더욱더 사려 깊고 잘 성장할 수 있도록 필요에 따라서는 엄하게 꾸짖기도 했다. 나는 자녀들에게 무조건 칭찬하고 감싸준 사람이 아니기에 때로는 자녀들이 내게 서운하게 생각했을 수도 있다. 때로는 엄하게 꾸짖어서 자녀들을 힘들게 한 면도 많다. 이러한 나의 훈육 방법에도 불구하고 훌륭하게 성장해 준 것에 깊이 감사한다. 내 자녀들은 내가 얼마나 자신들을 신뢰하고, 자랑스럽게 여기는지 말하지 않아도 잘 알 거라 생각한다.

　내 자식이라고 무조건 아끼기만 한다면 이 험한 세상에 나가 살아남기 힘들 것이다. 내 판단과 내가 할 수 있는 최선의 방법으로 그들을 돌봐 줬다. 나의 자녀들은 이미 성년이 되어 가정을 이루었으니 대강의 교육은 끝난 것 같다. 이제는 그들이 날개를 활짝 펴고 그들의 꿈을 마음껏 펼쳐 나가는 것을 바라보며 응원하는 것이 내 몫이라 생각한다.

8

머리 좋은 사람들, 머리 나쁜 사람들

　머리가 나쁘다는 게 좋은 건 아니지만, 머리가 좋다는 게 반드시 좋은 것만은 아니라 생각한다. 내가 지금까지 만나 본 사람들 가운데 머리는 좋지만 성실하거나 정공법으로 노력하기보다는 요령을 피우거나 거짓말에 능한 경우를 더러 봤다. 머리가 좋은 사람이라고 해서 다 성공한 인생을 살게 되지는 않는 것 같다.

　머리 좋은 사람들 중에는 계산을 잘하기 때문에 손해 보는 일을 하지 않는 이들이 꽤 있다. 그러나 이들은 손해 보는 일은 없다 하더라도 생각지도 못한 행운을 얻는 일도 거의 없는 것 같다. 기껏해야 자신이 계산한 정도의 결과를 얻는 게 최선일 것이다. 대부분 똑똑하다고 해도 머리가 아주 좋은 게 아니라 애매한 수준의 잔머리를 잘 굴리는 사람들이 많다. 그들은 남들보다 필요 이상으로 머리가 좀 더 돌아가서 그런지 노력보다는 요령이나 꼼수로 문제를 해결하려 하는 경우가 많고, 성실히 노력하지 않았다.

　여러 경우 중에 가장 나쁜 것은 자신이 똑똑하지도 않으면서 자신이 똑똑한 줄 알고 자만심에 가득 차서 사는 사람들이다. 이런 사람들을 볼 때마다 웃음이 난다. 나 스스로를 똑똑하다거나 머리가 좋다고는 생각하지 않는다. 다만 누가 똑똑한지 머리가 나쁜지 정도는 분간할 수 있을 정도는 된다는 게 감사할 뿐이다. 자부심은 매우 중요한 것이지만 자만심은 아무 도움도 안 되는 독일 뿐이다.

잠시 함께 근무했던, 자신이 매우 똑똑하다고 생각하는 사람이 있었다. 그가 보직을 맡고 있을 때 대화 중 툭하면 남들을 '스투피드'하다며 업신여겼다. 그의 보직은 높지도 않았고 오래가지도 않았다. 그가 조금이라도 똑똑했다면 자신 앞에 있는 사람이 자신의 미래를 좌우할 수 있는 사람이란 것을 알았을 것이다. 그는 본인 스스로가 '스투피드'한 사람이라는 걸 모르는 '헛똑똑이'였던 것이다. 이런 사람들의 공통적인 특징은 자신은 똑똑하고 남들은 어리석다고 생각한다는 것이다. 남들이 비록 똑똑하지는 않더라도 그렇게 어리석지도 않다는 것을 알 정도는 되어야 한다.

반대로 곧이곧대로 원칙만 집착하며 융통성이 전혀 없는 머리 나쁜 사람도 많다. 특히 운전을 예로 들자면, 교통의 흐름을 막고 양보도 하지 않으며 애매하게 운전하는 사람들은 자신만 알고 남들을 배려할 줄 몰라 다른 사람들에게 피해를 끼친다.

나는 고속도로로 많이 다니는 편이다. 보통의 경우 고속도로가 막히는 가장 큰 이유는 도로의 흐름을 방해하며 애매한 차간 거리를 유지하며 가는 차량 때문이다. 게다가 뒤에 따라오는 차에 차로를 양보하지도 않는다. 운전이 미숙한 경우를 예외로 하고, 남들이 빨리 가는 것을 보고 싶지 않은 심술보이거나 머리가 나빠서 자신의 운전이 남들에게 어떤 영향을 미치고 있는지 모르기 때문이다. 뒤에 차가 접근해 오면 저속차로로 비켜 주는 배려가 필요하다. 과속하라는 것이 아니다. 이런 교통 흐름의 방해만 없어도 고속도로의 운행 시간은 15~20% 정도는 충분히 향상될 것으로 본다. 남의 시간을 소중하게 생각해 주는 배려심이 필요하다.

직장에서 보직자들이 어정쩡한 판단력과 무책임으로 조직의 발전을 막는 경우가 많다. 책임감도 없는 자가 자리에 앉아 힘껏 뛰고 날아야 할 조직을 망치는 것이다. 물론 이들을 가려내지 못하고 기용한 기관장의 책임이 더 크다. 머리가 좋기만 한 사람보다는 머리가 나쁘지도 않고, 혜안과 신념의 리더십을 가진 자들이 보직을 맡을 때, 그 조직이 최고의 성능을 발휘할 수 있다. 리더는 하고 싶은 사람이 해야 하는 것이 아니라 할 만한 능력이 있고, 조직과 조직원을 위해 최선을 다하려는 사람이 해야 하는 것이다.

머리가 좋을 수도 나쁠 수도 있겠지만 그 좋고 나쁨에 연연할 필요가 없다. 남들보다 머리가 좋다고 우쭐해 봐야 별것도 아니다. 머리가 좋은 사람이 되려 기보다는 가슴이 따뜻한 사람이 되어야 한다. 내가 석문호흡을 수련하면서 가장 좋아한 문구는 '불비타인(不比他人)', 즉 남과 비교하지 말라는 것이다. 내가 머리가 좋든 나쁘든 모든 근심과 시기는 타인과의 비교에서 나오는 것이다.

남과의 비교를 통해 끊임없이 자신을 발전시키는 것은 좋은 일이다. 그러나 남과의 비교를 통해 시기와 비난을 하는 것은 스스로 콤플렉스에서 벗어나지 못하고 자신의 삶을 불행하게 만들 뿐이다. 장점이든 단점이든 내게 주어진 모든 걸 소중하고 감사하게 생각하며 발전적인 방향으로 살아가야 한다.

9

배신과 비겁함
(소탐대실 vs. 결초보은)

　내가 부덕한 탓인지 나를 속이고, 배신한 사람들이 있다. 비록 화가 나는 일이지만 나를 속이고 배신한 사람들 덕분에 오히려 잘된 경우가 많았다. 그들은 내게 작은 것을 얻었겠지만 큰 걸 잃는 우를 범했다.
　그들은 내가 그들에게 줄 수 있는 게 더 많이 있음을 몰랐을 것이다. 나는 그런 사람에게 더 이상 속지 않도록 빨리 배신해 준 것에 감사하게 생각한다. 때로는 그들이 불쌍하게 느껴질 때도 많다. 내게서 얻을 것이 얼마나 더 많고, 내가 줄 수 있는 게 얼마나 많은지를 알게 되면 땅을 치고 통곡할 것이기에 웃음이 나온다.
　이런 경험들 때문에 나는 나를 다 드러내려고 하지 않는다. 어떤 사람이 가진 배경이나 능력에 따라 자신에게 이익이 될 만한 사람을 사귀려는 사람은 그 사람이 가진 것들이 사라지는 즉시 등을 돌리기 쉽기 때문이다. 세상이 아무리 힘들고 각박하더라도, 인간관계에 있어 가장 중요한 것은 신뢰와 진정성이다. 그 사람이 가진 배경이나 능력 등과 관계없이 진정성을 갖고 좋아할 수 있어야 한다.
　나는 비록 사소할지라도 내가 누군가를 도와줄 수 있는 능력과 의지가 있다는 것에 감사하며 살고 있다. 그것은 나를 사랑하고 믿어 주신 할아버지와 아버지의 사랑, 그리고 나에게 호의를 베풀어 준 사람들에 대한 감사하는 마음 때문이다. 내가 어려운 시기를 겪었지만, 그분들께 받은 사랑과 도움, 그리고 그에 대한 감사함을 잊지 않고 살아왔기 때문에 오늘에 이를 수 있었다고 생각한다. 이런 분들에게 감사하는 마음을 세상에 갚아 나가며 살아가자고 한다.

우리의 삶은 짧기에 순간의 이익을 자신만의 것으로 갖고 싶어 하는 사람들의 마음은 이해한다. 나는 많은 경험 속에서 나를 속이고 배신한 사람들이 잘 되어 있는 것을 보지 못했다. 내가 도와주면 그 사람이 곤경에서 헤어날 수 있는 경우가 많았다. 그러나 배신자는 또 도와줘도 은혜를 악으로 갚을 것이기에 안타까워도 다시 도와줄 수 없던 경우가 많았다. 나는 그야말로 '소탐대실'이 무엇인지를 너무 자주 보았다.

반대로 내가 양보하며 겪은 작은 손해들은 물론 그 가운데는 제법 큰 손해도 있었지만, 나중에는 내게 생각지도 못한 엄청난 보답으로 돌아왔다. 정말 나중에 어떤 대가를 받을 생각조차 하지 않은 일들이 '결초보은'처럼 내게 큰 보답으로 돌아왔다. 이런 일들을 겪으며 나는 정말 행복한 사람이라는 생각과 함께 삶에 대해 더욱 감사하게 된다.

물론 나를 배신한 사람들은 다른 사람도 배신할 것이다. 그러나 남을 이용하고 배신하는 사람들이 결코 잘 될 수는 없는 것이 세상의 이치인 것 같다. 그냥 진솔하게 신의를 지키며 사는 게 인생을 가장 올바르게 사는 길이며 더욱 행복한 삶이다. 세상은 그렇게 가볍게 살아가는 곳도 만만하게 보고 살 수 있는 곳도 아니지만 그럼에도 여전히 살 만한 곳이다.

우리가 살아가는 길은 여러 가지일 것이다. 잘난 사람도 있고 못난 사람도 있고, 부자도 가난한 사람도 있고 그야말로 각양각색이다. 용감한 사람도 있고 겁이 많은 사람도 있고, 비겁한 사람도 있다. 그러나 여러 인간상 중에서 나는 최소한 비겁하게 살고 싶지는 않다.

가난해서 돈에 쪼들리게 되면 여러 가지 면에서 삶이 힘들어져 이런 사람들은 누군가에게 자신의 속마음을 편히 표현하기가 어려운 경우가 많다. 경제적으로 위축되면 마음도 위축되어 자신감을 갖는 것도 어려워지기 때문일 것이다. 특히나 부유한 사람들 앞에서는 당당해지기도 어려워지고 자격지심을 갖게 되기도 한다. 그러면서 마땅히 용기를 내어 행동해야 할 때도 비겁하게 뒤로 빠져서 행동하기를 꺼려하기도 한다.

반면 부유하고, 여건이 괜찮은 사람은 자신 생각의 표현이나 주장이 조금은 더 편할 것이다. 그런데 그다지 누구의 눈치를 보지 않아도 될 사람이 공연히 자신에게 어떤 피해가 올까 봐 눈치를 보는 경우를 많이 본다. 이런 사람들이 타인의 눈치를 보게 되는 경우는 그 타인의 행동이나 말로 인해 자신에게 피해가 올까 신경 쓰기 때문인 경우가 많다. 부유한 사람들이 비겁한 이유는 가진 것을 지키기 위함일 때가 많다.

나는 딱히 용감하지도 겁이 많지도 않고, 부유하다고 할 수는 없어도 결코 가난하지는 않다. 나에게 큰 피해가 올 것 같으면 혹여 주저하게 되는 상황이 올 수도 있겠지만 어떤 상황이 되더라도 최소한 비겁하게 살 수는 없다. 왜냐하면 그 누구보다도 나 자신이 나를 지켜보고 있기 때문이다. 나 자신이 나의 비겁함을 받아 주거나 눈감아 주기 힘들기에 조금 더 당당하게 살아가야 나 스스로가 더 편하고 행복하기 때문이다.

나는 경제적이나 물질적 손익보다는 자신에게 당당하게 사는 것이 더 행복하다고 생각한다. 비록 조금 비겁하면 조금 더 편안해지거나 이익을 볼 수 있을지라도 내 영혼을 팔거나 훼손시키고 싶지 않다. 비록 육체를 갖고 있고 물질적인 유혹을 이겨 내기가 쉽지는 않겠지만, 나를 움직이는 것은 내 몸이 아닌 내 영혼이며 내 의식이기 때문이다.

10
멋과 맛, 그리고 인간미

    요즘은 TV나 SNS를 통해 어디에 가서 어떤 음식을 먹었다는 사진과 함께 맛집 얘기가 많이 나온다. 휴대전화 카메라 성능이 워낙 좋다 보니 요즘은 음식의 맛뿐만이 아니라 카메라에 어떻게 담길까 하는 외적인 모양새까지 매우 중요하게 평가되는 것을 볼 수 있다. 물론 음식이 아무리 맛깔스럽게 보이더라도 맛이 없다면 아무 소용이 없다.

    그런데 한국 음식의 경우 오히려 맛깔스럽게 보이지 않는데도 맛있는 경우가 있다. 음식이 맛깔스럽게 보이면서 실제로 맛도 있고, 좋은 영양소도 함께 골고루 갖추고 있다면 그야말로 금상첨화일 것이다. 우리는 음식의 맛 외에도 낚시나 골프에서 손맛 얘기를 한다. 외부로 보이지는 않지만 손으로 느껴지는 느낌을 맛으로 표현하는 것이다. 맛이란 단어는 음식의 맛 외에도 외형적으로는 드러나지 않는 기능적인 면을 많이 표현하는 것이다.

    어떤 물품이든 모두 외면과 내면, 즉 밖으로 보이는 모양새나 디자인뿐만 아니라 기능적인 면이 다 함께 중요하다. 자동차의 경우 아무리 모양이 멋지더라도 운전 시 안전 성능이나 승차감 등의 기능적인 면이 함께 좋지 못한 경우에는 의미가 없는 것이다.

명품을 좋아하는 여자들은 핸드백이나 구두를, 남자들은 차와 시계에 집착한다고 한다. 나는 차의 경우 디자인 외에 성능을 잘 평가할 수 있기에 어떤 차를 선택하겠다는 선택 기준이 명확하다. 특히 고속도로 장거리 운전을 많이 하고 교통사고 후유증으로 허리가 아파서 승차감, 안전성과 운전 성능은 내게 매우 중요한 선택 요소이다.

시계의 경우 요즘 나오는 스마트 워치를 제외하면 디자인 외에는 어떤 차이가 있는지를 모르기에 그냥 싼 시계를 편하게 차고 다니고 있다. 특히 근래 건망증이 심해지면서 물건을 어디에 뒀는지 자주 까먹는 데다, 사우나를 자주 이용하는 나는 비싼 시계를 사서 시계를 보관하거나 찾느라 스트레스를 받고 싶지 않다.

사람은 아무리 외모가 멋있어도 인간미를 갖춘 인격이 없으면 좋은 사람이 될 수 없다. 외모가 아무리 좋게 보이고, 좋은 직업과 높은 직책을 가졌어도 인격이 엉망이라면 존경받을 수 없다. 근사한 직장과 직책을 갖고 있어서 처음엔 괜찮은 사람이라 생각되지만 만날수록 실망스러운 사람들이 의외로 많다. 그에 반해 어렵게 생활하는 사람들 가운데에서도 만나 볼수록 좋은 사람들이 있다.

맛있는 음식과 같이 잘 생기지 않아도 근사한 직업이 없어도 만나면 만날수록 좋은 사람이 진정 좋은 사람이 아닐까 생각한다. 착하고 좋은 사람으로 지내다가도 완장을 차면 내면 깊숙이 숨겨졌던 시커먼 악마적 본성을 보이는 사람도 많다. 또한, 일을 함께 해 보면 그 사람의 실력과 인간성 등 진면목이 보이게 되기도 한다.

어릴 때나 젊은 나이에는 서로가 바쁘게 살기에 인간적인 면을 깊이 생각하지 못하는 경우가 많다. 그러나 인생을 어느 정도 살아가고 나이가 들어 가면서 외적인 것보다도 내적인 것이 중요함을 느끼게 된다. 외모와 재력, 직업과 지위 같은 게 아니라 좋은 인성, 인간미의 중요성을 알게 된다.

　외모는 변한다. 젊었을 때의 외모는 유전적이거나 생활환경의 영향을 많이 받는다. 그러나 나이가 든 사람의 외모는 그 사람의 인격을 투영해 주는 경우가 많다. 인간미가 넘치는 사람은 피부색과 관계없이 언제나 광채가 나는 것 같다.

　좋은 사람을 파악하고 만나는 것은 좋은 물품을 고르는 것보다 훨씬 어려운 일이다. 멋과 맛을 함께 지닌 사람을 찾는 것은 쉽지 않지만 그만한 가치가 있다. 비록 짧은 인생이지만 멋있고도 인간미가 넘치는 좋은 친구를 만나 함께 인생을 살아간다면 그 어떤 물질적 풍요를 성취하는 것보다도 더욱 행복한 인생이 될 것이다.

11
협상의 기술

 나는 노조 일을 하면서 많은 협상을 해 봤다. 협상에 임할 때는 내가 얼마나 아쉬운지와 누가 손해인지 등에 대해 생각해 보고 임하는 게 중요하다. 그러나 협상의 기본은 상대에 대한 이해와 배려가 전제되어야 하는 것이다.
 계약이나 협상을 하게 되는 가장 근본적인 이유는 무엇인가 자신이 원하는 결과를 얻기 위해 내가 먼저 나서서 추진하거나 상대방이 원하는 것을 얻기 위한 요청에 응하는 것이다. 그런데 이런 협상에 있어서 자신의 입장만 생각하고 이를 상대에게 일방적으로 받아들이도록 하는 것은 쉽지 않다.
 나는 노조 일을 하면서 노조가 사측을 향해 웅변조의 기조 발언을 하거나 서로가 경직된 표정으로 평행선을 달리며 아무런 성과도 없이 협상을 끝내는 경우를 많이 보았다. 심지어는 고함을 치고 물건을 집어 던졌다는 등의 무용담도 들었는데 이는 참으로 무지한 짓이라고 생각한다.
 이런 행태를 들었던 터라 나는 노조 대표로 일하는 동안 협상에 있어서는 몇 가지 원칙을 갖고 추진했다. 첫째는 내가 원하는 결과가 무엇이고, 그 일을 추진하는 데는 문제가 없는지 철저하게 분석했다. 둘째는 협상

상대방이 그걸 어떻게 받아들일지를 분석했다. 만일 꺼릴 것이라면 꺼릴 이유가 무엇일지에 대해 검토하고, 상대가 우리 협상안을 받아들여도 좋을 이유와 명분을 제시하는 것이다. 셋째는 협상 시 상대방이 조금 더 편안하게 느끼도록 하는 것을 중요하게 생각했다.

협상 상대방은 자선사업가가 아니다. 공적으로 직책을 수행하는 간부인 만큼 노조 측에서 요구한다고 무작정 그걸 받아들이길 기대해서는 안 된다. 협상장에 나와 있는 사측 간부의 입장과 법률적, 재정적 여건 및 기관장에 미치는 영향 등을 감안하고, 이를 수용해도 문제없다는 걸 확인해야만 협상에 동의할 수 있음을 이해해야 한다. 아쉬운 사람이 우물을 파야 하듯, 협상을 요구하는 측에서 더 많이 공부해야만 협상에서 이긴다는 것을 알아야 한다.

공연히 소리치고 얼굴 붉혀봐야 소용없다. 윽박과 고함으로 협상하려고 하는 것은 미련하고 무지한 짓이며 아무런 결과도 얻지 못한다. 게다가 상대방은 아무런 협상을 안 하고, 아무런 합의를 안 해 주는 것이 가장 속 편한 입장임을 이해하는 것이 중요하다. 내가 요구하는 협상안을 들어줘도 자신에게 아무런 나쁜 영향이 없다는 것을 인식시켜야만 쉽고 편하게 협상을 할 수 있다. 내가 제시하는 협상안이 아무리 좋은 것이어도 상대가 그 일로 곤경에 빠지게 된다면 상대방은 좋은 명분에도 불구하고 협상안을 받아들이지 않을 것이다. 어떻게 하면 상대방도 문제가 없게 할지에 대해 고민하며 협상해야만 한다.

공무원들 특히 인허가 남낭자의 경우, 그의 입장을 이해하며 일을 추진해야 한다. 인허가를 쉽게 내주면 허가신청을 낸 민원인에게는 그보다 즐겁고 행복한 일이 없을 것이다. 그러나 일단 인허가를 내주고 나면 나중에 법적 분쟁이 생겼을 때 인허가 담당자는 자신이 그 허가를 내준 것에 대한 법적 당위성을 방어해야 하는 부담이 있기 때문이다.

인허가를 안 내주면 민원인 한 사람에게만 욕을 먹지만 다른 사람들에게는 시달리지 않아도 되는 입장이라는 것을 이해해야 한다. 공무원들은 자신의 생계가 달려 있기에 공연히 적극적으로 일하다가 화를 당할까 봐 걱정하는 게 당연하다는 것을 알아야 한다.

여러 차례 인허가를 받는 과정에서 정말 미칠 정도로 힘들었던 적이 있다. 인허가를 신청하는 민원인은 각종 법률적, 기술적 검토를 끝내고 그런 기준에 모두 부합한다는 것을 갖고 인허가를 신청한다. 그러나 민원을 접수한 담당자는 자신이 그 분야의 전문가가 아니라면 그때부터 정말 허가를 해 줘도 되는지 끙끙대기 시작하게 되어 있다.

그래서 어떤 면에서는 어느 정도 경력을 가진 전문가가 인허가를 담당하는 게 나은 것이다. 그러나 반대로 소위 닳고 닳은 사람이 담당하게 되면 인허가를 내줘도 될 일을 이런저런 핑계로 인허가를 거부하며 자신의 안전만을 도모할 수도 있다.

따라서 인허가에 있어서는 최대한 꼼꼼하게 법률적, 기술적 검토를 하고 관련 인허가 사례를 철저히 분석하고, 백업자료를 갖고 부드럽고 유연한 자세로 협의하는 것이 가장 중요하다. 막연하게 말로만 해서는 안 된다. 법률의 내용과 인허가 사례나 판례, 정부 기관이나 유능한 변호사의 유권해석 등 잘 정리된 서면 자료를 준비하는 것이 중요하다.

그리고 인허가를 내주지 않을 경우의 대안에 대해서도 함께 생각하고 있어야 한다. 담당자가 이해력이 부족하거나 성격상의 문제가 있어서 어려울 경우 그의 상급자를 만나서 협의하는 것도 생각해야 한다. 필요한 경우 소송 등을 통해서 해결하는 것도 생각해야 한다. 협상에 임할 때는 항상 Plan B, 경우에 따라서는 Plan C까지 염두에 두고 있어야 한다.

계약은 내가 원하는 결과와 상대방이 원하는 결과가 서로 다를 수 있다. 따라서 어느 정도 선이면 합의할 수 있는지 나름대로 적정선을 생각해야 한다. 또한 누가 아쉬운 사람인가에 따라 계약의 결과는 상당히 달라진다. 내가 아쉽지 않으면 계약을 유리하게 끌고 갈 수 있지만, 그렇지 않을 경우 상대방에게 끌려가거나 계약을 못 할 수도 있다.

협상이나 계약에 있어서 자신만 똑똑한 줄 아는 사람은 바보이며 제대로 계약할 수 없다. 꼼수나 알 박기 같이 치졸한 방법으로 상대를 속을 썩여 가면서 자신의 이익을 구하면 작은 이득은 볼 수 있지만 큰 성공을 거둘 수는 없다. 아무리 이해가 엇갈리는 일이라 하더라도 최소한의 양심과 상대에 대한 배려심을 갖고 정직하게 협상하는 게 가장 쉽고 편안한 길이다.

12

원자력 이야기

 이 책은 나 개인의 추억과 생각을 정리하는 것이라 원자력에 대한 것은 쓰지 않고 싶었다. 그렇지만 나는 38년 넘게 원자력 분야에서 일을 했기 때문에 원자력 얘기를 안 할 수가 없어 중요한 몇 가지만 말하고 싶다. 나는 원자력의 핵심적이고 국가적으로 매우 민감한 주제인 사용후핵연료와 관련된 일을 하고 있다. 그래서인지 사연도 많았고 국가의 발전을 위한 생각을 많이 하게 되었다.

 나는 국내 최초의 사용후핵연료 수송에 참여했고, "국내 최초"란 단어가 붙는 일을 많이 했다. 많은 장치들을 개발했고, 이 장치들을 가지고 원자력발전소 현장에서 6년간 사용후핵연료를 운반하며, 소내 수송체계를 구축했다. 핫셀(Hot Cell)이라는 원자력 시설도 구축하였다. 나와 동료들이 설계한 장치 및 시설의 안전성을 믿기에 나는 전혀 걱정하지 않고 일했다. 이러한 장치와 시설을 사용하기 위해서 내가 많은 자체 점검을 통해 성능을 확인한 것은 물론 규제기관의 지나칠 정도의 엄격한 검토와 검사를 통과해서 승인을 받았기 때문이다.

 인간이 하는 일이라 100% 안전함을 장담할 수는 없기에 안전은 아무리 강조해도 지나치지 않는다. 원자력은 99.9999% 이상의 안전을 확신할 수 있도록 한다. 장치, 시설을 설계할 때 예상되는 각종 고장, 사고에 대한 대책 등 설계기준을 만족해야 한다. 또한 예기치 못한 사고까지도 고려하며 무리할 정도라 생각될 수도 있을 정도로 철저히 대비한 안전성을 확보한다. 원자력 분야는 지나칠 정도의 우려 때문에 더욱 안전한 기술을 개발하려 끊임없이 노력하고 있다.

원자력 분야는 환경단체, 반핵단체 등의 많은 사실 왜곡에 시달려 왔다. 아무리 좋은 기술이라도 실제 적용이 가능한지를 검증하는 게 연구원들의 일이다. 기술의 타당성을 검증하려고 연구하는데 그 기술은 검증되지 않았다며 연구하지 말라는 엉터리 주장을 하는 사람들이 토론회를 활보하는 게 현실이다. 이런 상황에서 일해야 하는 것은 원자력계 종사자로서 자괴감이 들게 한다.

자신의 소신 때문에 반핵을 주장하는 것은 어찌할 수 없는 일이다. 그러나 죄 없는 종사자들을 매도해서는 안 된다. 특히 터무니없는 주장으로 국민에게 불안감을 조성하는 것은 범죄라고 생각한다. 국민이 반핵 선동가들의 주장에 현혹되는 현실도 안타깝다. 몇 년 전 국회 토론회에서 어떤 반핵 인사가 자기는 안전이 문제가 아니라 무조건 싫어서 못 하게 하고 싶다고 말했는데 그 모습이 오히려 더 솔직하고 인간적으로 느껴졌다.

원자력 시설이 위험하다면 내가 그런 위험한 시설에서 거리낌 없이 일할 수 있겠는가? 요즘 젊은이들이 위험을 무릅쓰고 일할 사람이 있을까? 비록 후쿠시마 사고와 국내 원자력계의 일부 잘못으로 인해 신뢰를 잃은 일은 안타깝지만 우리 종사사들이 감내해야만 한다. 원자력에 대한 신뢰를 얻을 때까지는 끝없이 노력해야만 한다. 그러나 아무런 타당한 근거도 없이 위험하다고 주장하며 주민들에게 불안감을 주는 일은 없어야 한다.

나는 2017년 문 정부의 탈원전 정책으로 중단 직전까지 갔던 사용후핵연료 관련 한미 핵연료주기 공동연구를 끈질긴 노력으로 살려냈고 성공적인 성과도 거뒀지만, 아직도 끝없는 난관을 넘어야만 하는 상황이다. 많은 환경단체들의 계속되는 태클 외에도 국가의 법적 정책 결정 체계 부재, 원자력계 내부의 갈등과 부처별, 기관별 이해의 차이도 극복해야만 한다. 이런 특성 때문에 정부의 누구도 적극적으로 나서려 하지 않는 분야이기도 하다.

탈원전 정책으로 인한 피해와 후유증은 의외로 크다. 요즘 우리나라 원자력계의 가장 심각한 문제는 신기술을 적용하는 것이 쉽지 않다는 것이다. 타국에서 이미 상용화되었고 인허가를 받은 것만 쓰려고 한다. 새로운 것에 대한 인허가가 거의 불가능할 정도로 어렵기 때문이다. 세계 최고의 기술이라도 타국에서 상용화되지 않았다면 최초로 사용하는 것은 절대 허용하지 못하는 나라가 된 것이다.

이제는 원자력계에서도 새로운 기술의 개발과 도입을 두려워하고 막는 우를 범하는 일까지 생기고 있다. 세계 일등 국가로 나가려 하기는커녕 겨우 남의 것을 따라가는 국가로 전락하는 모습이 너무 안타깝다. 반핵단체의 주장에 맞춰주는 게 진정 올바른 길인가? 언제까지 1등을 못 하는 나라가 될 것인가?

과거 선배들이 이뤄놓은 성과를 지금 우리들의 공으로 착각하지 말아야 한다. 그리고 우리의 강점은 무엇이고 약점은 무엇인지, 지금 우리는 무슨 성과를 내고 있는가를 반성하자. 원자력 강국이라고 말하기엔 아직 이르다. 아직 필수로 갖춰야 할 시설도 없는 나라이며, 이게 왜 필요한지도 모르는 사람도 있는 게 우리 원자력의 현실이다. 우리에게 부족하고, 채워야 할 부분이 무엇인지 냉정히 살펴보자.

나는 사용후핵연료의 관리와 관련한 특별법 입법을 추진했는데 소속 기관이나 분야에 따른 이해관계의 충돌이 컸다. 이 때문에 객관적이며 미래를 대비하는 생각을 가진 분들의 도움이 필요했기에

중앙대 정동욱 교수님과 함께

많은 교수들을 만났는데 특별한 몇 분을 얘기하고 싶다.

중앙대 정동욱 교수와 경희대 정범진 교수는 사심 없이 큰 틀을 보며 국가의 원자력 시스템을 말하는 분들이다. 단국대 문주현 교수, 순천향대 박병기 교수는 핵연료주기 분야의 전문가들로 단편적인 해법보다도 더 큰 틀의 효율적이고 합리적인 국가적 해법을 얘기하는 분들이다. 정범진 교수와는 원자력 분야 외에도 많은 주제를 얘기하며 늘 새로운 발상으로 날 놀라게 해 주어 매우 고맙게 생각한다.

경희대 정범진 교수와 함께

단국대 문주현, 순천향대 박병기 교수와 함께

정부와 핵심 관계자들이 정책 결정에 있어 상황을 제대로 파악하지 못하면 올바른 해법을 찾기가 매우 어렵다. 각자 이해관계에서 벗어나지

못하는 사람들의 주장에 휘둘리지 말고 이런 교수들과의 적극적인 소통을 통해 더 나은 솔루션을 찾길 바란다.

그동안 사용후핵연료와 관련해서는 Wait and See로 국가가 정책 결정을 유보해 왔다. 오늘 과거기술을 기반으로 한 단편적인 솔루션을 정하기보다는 내일 결정하더라도 복합적인 것을 담을 수 있고 더 발전된 기술을 기반으로 한 솔루션을 선택하는 것이 더 나은 것이다. 한 가지 잣대로만 볼 게 아니라 최고의 종합적 솔루션을 선택하는 원자력이 되기를 희망한다. 빨리 열심히 하는 게 중요한 게 아니다. 제대로 된 솔루션을 만들어 내는 게 중요하다. 오늘의 시각으로 미래를 확정하기보단 늘 새롭고 더 나은 기술의 도입을 열어 두는 지혜가 필요하다.

원자력은 기술자립을 독립이라고 말할 게 아니다. 기술적으로야 완전한 자립과 독립이 필요하지만 미국과의 기술도입 계약 내용을 면밀히 파악하고 한미 원자력협력협정 등 미국과의 관계를 어떻게 잘 풀어서 한 차원 더 높은 단계로 갈지를 고민해야 한다. 원자력은 에너지만이 아니라 타 핵심 산업은 물론 국방과도 밀접한 관계가 있는 국가의 핵심 자산이다. 단순한 원자력만이 아니라 국익이라는 큰 주제 속에서 문제를 풀어내는 진짜 협상의 기술이 필요한 때이다.

원자력은 국민의 불안감 해소와 이해를 넓히는 소통이 매우 중요하다. 안전하고 값이 싸다며 국민에게 믿어 달라고 매달리는 원자력이 되지 말고, 국민이 안전하다고 믿고 필요하다고 찾도록 노력해야 한다.

원자력은 보수정권이든 진보정권이든 모두 함께 이끌어 가자고 설득해야 한다. 원자력을 반대하는 사람들의 이해와 협력을 이끌어 내는 것이 기술개발보다도 훨씬 중요할 수 있다. 비록 여러 난관은 있겠지만 원자력의 안전성, 필요성을 국민이 더욱 확실하게 믿고 찾게끔 우리의 내실을 다져야 한다. 지금까지의 어려움과 위기를 도약하는 반전의 계기로 만들어 내자.

13

군중심리에 휘둘리지 말자

나는 노조 지부장을 두 번 했고, 선거에서 두 번 낙선했었다. 직장에서 노조 대표를 뽑는 선거를 치르면서 선거란 게 군중심리에 많이 휘둘린다는 것을 잘 알게 되었다. 석박사로 구성된 연구조직에서도 누가 좋은 사람이고, 누가 일을 잘 할 것인가를 생각하여 자신들의 대표를 뽑으려 노력하기보다는 흑색선전 같은 입소문에 휘둘린다는 게 놀라웠다.

대다수의 유권자들은 관심이 없는 반면에 몇몇 사람들은 똘똘 뭉쳐서 대응하기 때문에 보통 사람들이 나와서는 당선되기가 쉽지 않은 것이다. 내가 낙선한 것은 자랑스러운 일이 아니지만 부끄럽지도 않은 일이다. 그만큼 세상을 배우는 좋은 기회가 되었다.

첫 번째 낙선 때 이야기다. 한 직원으로부터 심각한 문제에 대한 건의를 듣고, 노조 지부장 선거에 나섰다. 문제의 중심에 있던 사람들이 내게 회유와 타협을 시도했다. 나는 문제를 개선하고자 노조에 출마한 것인데 웬만한 것은 포용해도 그런 문제는 포용할 수 없다고 답했다.

나는 20년 가까이 노조를 장악했던 자들과 일체 유대관계가 없었다. 그뿐만 아니라 기존 노조의 폐해를 고치려 출마했기에 나는 그들의 공공의 적이었다. 노조 선거를 치르면서 정말 어이없는 흑색선전에 시달렸다.

몇몇 사람들이 조직적으로 쏟아 내는 말들이 마치 진실인 양 유포되었다. 선거는 진실이 뭔지 모르는 상태로 끝났다. 선거가 끝난 한참 뒤에서야 진실이 밝혀지고 허위사실을 유포한 자들의 더러운 정체가 드러났다. 그러나 선거 결과는 돌이킬 수 없었다.

두 번째 낙선도 마찬가지였다. 노조 집행부의 거듭된 거짓말과 모함에 화가 나서 출마했지만 그들은 흑색선전을 넘어 직원 게시판에 공개적으로 허위 글을 게시했고, 조합원들은 이런 온갖 거짓말을 진실인 양 믿고 그들을 선택했다. 그들은 허위사실을 유포함으로써 선거에서 승리했지만 결국은 허위사실 유포로 법적 처분을 받고 전과자가 된 것은 물론 탄핵도 당하며 끝을 맺었다.

직장 내에서의 선거가 이러니 정치판의 선거는 얼마나 심할지 짐작이 간다. 우리는 정치인을 뽑는 선거에서 누가 제대로 된 사람이고, 누가 일을 잘할 것인가를 보고 판단하지 않는 것 같다. 상당히 많은 사람이 군중심리에 휘둘려서 자신들의 소중한 선택권을 막 쓰고 있다. 자신의 선택이 단순한 선택이 아니라 나아가 자신이 속한 조직의 운명을 결정하는 것임을 간과해서는 안 된다.

자신이 무엇을 선택하고 결정할 때는 감정이나 군중심리에 휘둘려 이용당하거나 소모품 노릇을 할 게 아니라 정확한 판단을 하도록 노력해야 한다. 누구의 편이 되어 주기보다는 늘 정확한 판단과 결정을 하는 사람이 되자.

14

고속도로는 나의 카페

 1989년 11월 차를 산 이후 지금까지 36년 넘게 고속도로를 많이 이용하고 있다. 아버지가 안 계시고, 장남이기에 집안일로 내 집과 직장이 있는 대전에서 인천 본가를 자주 다녀와야 했다. 1989년부터 1995년까지 6년 동안을 고리 원전에서의 핵연료 수송사업 때문에 매주 월요일 새벽에 고리 원전에 갔다가 토요일 저녁에 대전으로 왔다.

 13년을 아프셨던 장모님 때문에 서울과 전주를 자주 다녔으며, 지난 2019년부터 2022년까지는 모친의 중환으로 서울과 인천을 자주 다녔다. 서울에서 학교에 다니는 자식들 뒷바라지를 위해서도 운전해서 서울을 다녀와야 하는 일도 많았다. 연구직 직장인 치고는 정말 고속도로를 엄청 많이 이용하고 있다.

 장거리를 다닐 때 대중교통은 비용도 덜 들고 신경을 안 써도 되니 편하다. 그러나 나는 이명 때문에 사람들이 많은 지하철역이나 터미널 같은 곳에서는 공명 같은 소리 때문에 귀가 너무 아프다. 교통비가 얼마나 덜 들고 더 드느냐의 문제나 내 몸이 편하냐의 문제보다는 이명이 악화되지 않는 게 내겐 훨씬 중요하다. 수많은 사람들이 웅성거리는 지하철역 같은 곳에서는 이명이 심해져서 너무 괴롭다. 게다가 이제는 나이가 들면서 전

립선 때문에 대전-서울 중간에 쉬지 않는 고속버스를 타기가 불안하다. 대중교통이 남들에겐 편해도 내게는 쉽지 않아 승용차를 이용한다.

고속도로 장거리 운전을 하면 허리가 아픈 내게는 육체의 피로가 더 심해질 뿐 아니라 돈도 많이 들어서 고속도로를 운전하는 게 싫었으나 어쩔 수 없는 상황에서 나름대로 좋은 면을 느끼며 긍정적으로 생각하게 되었다. 비록 승용차로 다니는 것은 사고 위험도 있고 비용은 더 들지만 안전 운전을 하며 나만의 공간을 즐기는 것으로 보상받는다고 생각한다.

나만의 시간과 공간을 보낼 수 있기에 고속도로는 나만의 카페라고 생각한다. 바쁜 삶을 사는 내게 고속도로는 많은 생각을 갖게 해 주는 공간이다. 길가의 스쳐 지나가는 풍광 속에서 세상의 변화도 느낀다. 어차피 가야 하는 길, 이왕이면 고속도로를 나의 카페로 즐기는 게 나를 덜 피곤하게 만들고 삶의 피로를 풀어 주는 시간으로 만든다.

15

마음 놓고 일을
맡길 사람이 있으면 좋겠다

 어떤 일을 하다가 내가 잠시만 눈을 떼고 자리를 비우거나 신경을 쓰지 않으면 사고가 나거나 일이 망쳐지는 경우를 자주 경험했다. 이런 경험들로 인해 사람들을 마음 놓고 믿고 일을 맡길 수가 없게 되는 것 같다. 정말로 내가 생각하는 일들을 마음 놓고 맡길 사람을 찾는 게 쉽지 않다.
 일을 수행할 때 무엇을 어떻게 해야 할지를 알고, 그중에 무엇이 중요한지 각별히 신경을 써야 할 부분을 알면 걱정할 일이 없다. 그런데 어린애들에게 가르쳐 주듯 친절하고 상세하게 알려 줘도 사고를 내거나, 일을 망치는 걸 자주 겪으면서 마음 놓고 일을 맡길 만한 사람이 있으면 얼마나 좋을까 하는 생각을 하게 된다.
 나는 타인에게 맡겼다가 잘못된 일로 오랫동안 속을 썩고 있다. 이런 일들을 해결하며 아무에게나 쉽게 맡길 게 아니라 근본적인 부분부터 잘 살펴보아야 한다는 큰 교훈을 얻었다. 다른 사람에게 일을 맡겨 놓고 나서 나중에 일이 잘못되면 결국 그 속상함은 본인인 내가 다 감당해야 하기 때문이다.
 말을 잘하는 사람들은 그렇게 말할 수 있는 정도의 분별력을 가진 것으로 판단할 수도 있다. 그러나 말을 잘해도 그 사람의 능력이 그의 말처럼 뒷받침되지는 않는 경우가 많다. 물론 말은 잘 안 해도 실력이 있는 경우도 무시할 수는 없다.

어느 정도 이해해도 할 수 있는 일이 있다. 그리고 절차서와 같이 절차대로 진행하면 되는 일들이 대부분일 것이다. 그러나 예기치 못한 일이 생겼을 때는 문제의 본질을 이해하지 못하는 사람은 그걸 제대로 풀어낼 수 없는 경우가 많다. 실력이나 능력의 차이는 난이도가 높은 예기치 못한 상황에서 나타나는 것이다.

다른 한 편으로는 늘 일이 생각한 대로 되었거나 내가 마음 놓고 일을 맡길 사람이 있었었다면 나 자신이 나태해졌을 것 같다는 생각도 든다. 그만큼 좋은 사람을 찾는 것이 쉽지 않은 일이라는 것을 나는 잘 알고 있다.

이러한 현실을 알고 이해하면서 타인에 대한 기대치도 실망도 조금은 줄어들고 있다. 그렇지만 믿고 일을 맡길 수 있는 좋은 사람을 만나 훌륭한 팀워크를 갖고 일을 한다면 정말 멋있는 일이 아닐 수 없다.

16

작은 변화가 큰 변화를 만들어 낸다

TED talks라는 프로그램에서 Tiny tweaks can lead to big changes라는 영상을 보고 느낀 것이 있다. 비언어적인 자세에 관한 것이다. 자신의 경험을 바탕으로 한 작은 변화가 큰 변화를 만들 수 있다는 얘기를 들으며 나의 어린 시절부터 지금까지의 삶이 떠올랐다.

60대 중반인 지금, 아직도 부족한 부분이 많지만 어린 시절부터 지금까지를 회상하면 정말 긴 여정을 걸어왔다. 정말 눈물 나게 힘든 길을 걸어왔고 실수도 많았지만 잘해온 것을 감사하고 있다.

돌이켜 보건대 힘들고 어려운 길을 잘 극복해 온 데는 일어나겠다는 작은 의지와 포기하지 않는 자존심이 그 바탕에 있었던 것 같다. 로마는 하루에 이루어지지 않은 것처럼 작은 의지와 노력들이 차곡차곡 쌓여 변화의 시점마다 좋은 방향으로 나를 이끌어 준 것 같다.

나는 명문 중학교를 졸업할 때까지만 해도 항상 즐겁고 자신감에 차 있었다. 그렇지만 공고를 졸업하고 대학에 들어온 후엔 늘 조금씩 부족한 부분, 아쉬운 부분 때문에 힘들었다. 그렇지만 부족한 부분을 계속 채워가며 잘 이겨 내며 오늘에 이르렀기에 기대했던 삶보다 훨씬 나은 삶을 살게 된 것 같다.

어려서부터 무엇인가를 극복하려고 하고 해내려고 한 사람과 그냥 현실 속에서 주어진 현실에 안주하며 살아온 사람은 성인이 되어서 전혀 다른 길을 걷게 되는 것 같다. 우리는 하루아침에 이루어지는 무언가를 꿈꾸지만 실상은 하루하루 작은 노력과 의지들이 모여서 결국은 큰 성과를 이뤄 내는 것 같다.

우리는 한 치 앞도 못 보는 그런 현실 속에 살고 있다. 그러나 조금 더 강한 의지와 꿈을 갖고, 하나씩 문제를 풀어 나가는 사람은 결국은 큰 리더가 되고, 성공한 사람이 되어 있다는 것을 볼 수 있다. 결국 작은 노력들이 쌓여 큰 성과를 이뤄 내는 것이다.

17

외로움

나는 외로움을 자주 느낀다. 직장 일로 바빴고 내 가정과 아이들 일로도 바빴지만, 아버지를 대신해 가장으로 집안의 대소사로도 바빴다. 만나야 하는 사람들도 많았고 그러기에 좋은 사람들도 많이 만났고, 힘든 일들도 잘 해냈지만 채워지지 않는 외로움이 있다. 어려서부터 친구들과 비슷한 성장 과정을 거치지 않고 독특한 환경을 겪으며 살아서 그런 면도 있다. 환갑을 넘으니 임희숙의 '내 하나의 사람은 가고' 같은 슬픈 노래가 귓속을 파고든다. 노래 가사처럼 등이 휠 듯한 힘든 일들이 많았다.

직장생활 38년을 열심히 일하면서 살아왔다. 많은 기계장치와 설비, 시설을 설계하고, 구축하여 가동되는 보는 것을 즐거움으로 생각하며 살아왔다. 책임지는 걸 피하지도 두려워하지도 않았다. 비록 힘든 일이라고 해도 내가 가진 능력을 발휘하는 건 즐거운 일이다.

제대로 된 해법도 모르고 자신의 방어에만 매몰된 사람들이 많다. 거짓말로 포장하거나 무리끼리 똘똘 뭉치며 카르텔을 형성하고 자신을 정당화하는 사람도 많다. 명백히 잘못되고 문제가 있어도 대부분 눈을 감고 못 본 체한다. 나도 모른 척하면서 내 생활에만 전념해도 된다. 그러나 이게 편히 사는 길인지 몰라도 내가 갈 길은 아니다. 엉터리 상황을 지켜보면서 무의미한 시간을 보내고 싶지 않다.

결국 심각한 문제를 외면할 수 없기에 문제점을 개선하도록 건의하는 편이다. 그러다 보니 오해를 받을 때도 있다. 차라리 내 눈에 문제점이 보이지 않았으면 좋겠다. 윗사람에게 말할 용기도 없었으면 좋겠다. 안타깝게도 내게는 문제점과 해법이 보이고, 말을 하는 게 두렵지도 않고, 잃을 것에 대한 두려움도 없다. 국가의 미래에 중요한 영향을 미치는 일은 더더욱 조용히 외면하고 있어서는 안 될 것이라 생각한다.

나도 평범하게 살고 싶다. 나도 남들처럼 눈 감고, 입 다물고 지내는 것이 올바른 것일까? 늘 끝없는 답답함과 안타까움이 나를 더욱 외롭게 한다. 사람들은 문제점이 보여도 모른 척하고 입을 다물고 있는데 왜 나는 그러지 못하는지 고민이 된다.

나는 엉뚱한 상상을 하는 천재나 괴짜도 아니고 지극히 평범한 공학자이다. 우리가 배우는 것은 조금 더 나은 사람이 되기 위해서이다. 배운 게 있고 상식이 있으면 그걸 현실 속에서 써먹는 게 가치 있는 일이다. 잘못된 걸 알면서도 외면하면서 어떻게 세상이 좋아지길 바랄 수 있는가? 문제점에 대해 해결을 건의하는데 왜 두려워해야 하는가? 건의를 받아들이거나 안 받아들이는 건 건의를 받는 사람의 리더십에 달려 있다.

나는 무책임하고 겁 많은 사람들의 시기하는 모습이 싫다. 굳이 상대에게 호의적인 마음도 없고 생각도 서로 맞지 않는 사람들과 어울려 시간을 보내는 것도 좋아하지 않는다. 힘든 일이기도 하지만 의미가 없는 일이기 때문이다. 내가 가장 중요하게 생각하는 것은 시간이다. 내 삶에 주어진 소중한 시간을 소중하게 쓰고 싶기 때문이다.

외로움을 느끼는 것은 좋은 일이 아니다. 그러나 남들보다 보이는 게 많고 용기가 더 많다는 것은 그리 나쁘지만은 않다. 겁이 많아 주저하고 보이질 않아서 헤매는 것보다는 훨씬 낫다고 생각한다. 남다른 면이 있다면 외로움은 함께 수반될 수밖에 없는 것 같다. 남들과 편히 잘 어울리는 것은 좋지만 어울림만이 능사가 아니다. 비록 외로운 길이라도 옳은 길, 더 나은 길을 가도록 해야 하는 것이 더 낫다고 생각한다.

어려서 겪어야 했던 많은 어려움에도 불구하고 오늘에 이른 것에 감사한다. 비록 내로라하는 성공을 한 삶은 아니지만 그래도 남부럽지 않게 오늘을 살고 있다. 이것은 외로움 속에서도 강인한 의지로 역경들을 이겨 냈기 때문이란 것을 생각하면 모든 게 감사할 뿐이다. 남들에겐 은퇴가 두려울 수 있겠지만, 나는 오히려 은퇴 후 자유롭게 지내며 즐기며 사는 삶을 꿈꾼다.

18

눈물이 난다

나는 요즘 가끔 이유 없이 눈물이 난다. 슬퍼서가 아니라 아련한 추억들, 행복했거나 감동스러웠던 순간들이 떠오르며 눈물이 난다. 또한 잊혀지는 것들에 대한 아쉬움 때문에 눈물이 나기도 한다. 다시는 돌아갈 수 없는 순간들, 다시는 볼 수 없는 사람들이 그리울 때면 더더욱 눈물이 난다.

특히 내가 5살 때 돌아가신 할아버지, 내가 26살 때 돌아가신 아버지와 몇 년 전 돌아가신 어머니 생각이 많이 난다. 아버지를 생각하면 늘 안쓰럽다. 당시에 자식 하나 대학에 입학시키기도 어려웠는데 자식들 셋을 서울에 있는 대학에 보냈고, 나와 막내가 박사를 했음에도 불구하고, 단 한 명의 졸업도 못 보시고 돌아가셔서 더욱 가슴이 아프다. 내가 결혼하고 자식들이 태어나 사랑스럽게 성장했지만 손주들을 단 한 번도 보여드리지 못했다.

넉넉하지 못한 환경 속에서도 잘 자라 준 아이들을 생각할 때도 눈물이 난다. 공부를 강요하지도 않았는데도 모두가 열심히 공부해서 꿈을 이룬 것에 대해 자랑스럽고 고맙게 생각한다. 또한 자녀를 돌보는 데 헌신을 다 해 준 아내에게도 각별히 고맙게 생각한다.

서울대에 한 명을 입학시키기도 어려운데 나는 딸, 아들 모두 서울대를 졸업하고 약사, 의사가 되었으니 대견스러울 뿐이다. 공교롭게도 애들의 합격 소식을 들을 때마다 나는 미국 아이다호에 출장 중이었다. 호텔 방에서 기쁜 마음에 내 볼을 타고 흘러내리던 뜨거운 눈물이 지금도 기억난다. 누구에게도 약한 모습을 보이지 않고 살아온 나지만, 아이들에게 고마운 마음에 나오는 눈물을 멈출 수 없었다. 행복한 순간을 함께 나누지 못한 아버지를 그리워하고 아쉬워하며 울었다.

최근에는 귀여운 손주들의 백일과 돌을 지켜보며 건강하고 멋지게 잘 크고 있는 손주들은 물론 양가 부모님들의 축복 속에 자녀를 잘 키우고 있는 자식들 부부의 행복한 모습을 보면 눈물이 난다. 고생으로 찌들었던 나의 삶에 비해 훨씬 잘 살아가는 모습이 기쁘고도 감사하기 때문이다.

내가 눈물 나면서도 행복한 것은 이렇게 감사하고 추억하며 살 수 있는 이 모든 것들이 소중하기 때문이다. 내가 지금 현실을 살기에 급급하다면 난 눈물을 흘릴 여유조차 없었을 것이다. 나 자신이 열심히 살아온 것도 있겠지만 믿음으로 날 키워 주신 아버지 덕분이니 너무나도 감사한 일이다.

나의 의지와 능력은 모두 부모님께 물려받은 것이다. 그 때문에 고생만 하다가 돌아가신 아버지와 홀로 다섯 자식을 돌보셔야 했던 어머니가 더욱 안쓰럽게 느껴진다. 부모님에게 더 많은 사랑과 신뢰를 받고 자란 장남인 만큼 더욱 봉사하면서 살아야 하는 것이 나의 운명이라고 생각한다.

아내에게는 늘 미안하게 생각한다. 나는 보통의 남편들처럼 아내를 아껴 주거나 아내에게 고분고분한 성격이 아니다. 아내가 원하는 기대치에 많이 모자라게 살아왔기에 내게 불만이 있는 것도 이해한다. 어떤 여자라도 모자라도 자신에게만 최선을 다해 주는 남편을 원하는 게 당연하다.

안타깝고 미안하게도 나는 아내와 결혼하기 전에 이미 남편을 잃은 홀로 된 어머니와 아버지를 잃은 어린 동생들이 있어, 돌아가신 아버지를 대신해 가장으로 이들을 돌봐야 한다는 사명감 같은 것을 가졌었다. 이런 나와 결혼해서 남들보다 불편하고 힘든 삶을 살았으니 불만이 있는 것은 당연할 것이다.

나는 어머니와 동생들, 그리고 나의 가족들을 돌보는 게 힘들지는 않았다. 그렇지만 나도 가끔은 '나는 누가 위로해 주지?' 하는 생각에 눈물이 난다. 내 주변에는 내가 돌봐줘야 하는 사람들뿐이다. 아버지가 돌아가신 이후 모든 것을 책임지고 살아야 하는 나는 누구에게도 기댈 곳이 없고, 누구에게도 위로받을 곳이 없었다. 이게 내 운명이라는 생각에 한없는 외로움에 빠져 눈물이 난다. 나도 사람이기에 편하게 쉬고 놀고 싶고, 때로는 삶이 힘들게 느껴질 때도 있다.

나는 비록 어릴 때 힘들게 살았지만 부모님을 원망하지 않았다. 내 부모님 또한 누구를 원망하는 모습을 본 적이 없다. 나는 종교는 없지만 늘 감사하며 살고 있다. 내가 감사하게 생각하는 것은 모든 걸 이겨 낼 수 있는 의지와 판단력, 추진력을 가졌다는 것이다. 만일 내가 유약하게 현실 탓만 하고 자포자기하는 사람이었다면 나의 오늘의 삶은 없었을 것이다.

19
나이 들어가는 기쁨

요즘 나는 나이 들어가는 것을 스스로 느끼지만 이를 기쁜 마음으로 받아들인다. 물론 나이가 들다 보니 잊혀져 가는 것들이 있고 그에 대한 아쉬움도 크다. 가장 안타까운 것은 아름다웠던 기억들, 소중했던 기억들이 흩어져 가며 소실 되는 것을 느끼는 것이다. 나이가 들면서 신체가 노화되는 것이 결코 기뻐할 일이 아니지만 겪어야 할 과정을 잘 끝내 가고 있다는 사실이 기쁘다.

역경도 가슴 아팠던 일들도 많았지만 다 잘 이겨 냈고 잘 살고 있다. 그런데 즐겁게 살아야 할 지금 그 소중했던 일들이 내 마음같이 다 생생하게 기억되지 않는다. 내가 노화를 이겨 내지 못하는 것 같다. 이런 망각이 안타까워 소중한 기억을 정리하고자 이 책을 쓰고 있는 것이다.

마음은 늘 청춘인데 거울 앞에 서면 계속 처지고 깊어지는 목의 주름살을 본다. 그 소년, 그 청년이던 나는 어디 갔고 웬 아저씨가 서 있다. 자식들도 다 컸으니 이제는 내가 아니라 자식들이 주인공이 되도록 많은 것들을 내려놓으려 한다. 아이러니하게도 나는 늙는 게 감사해서 눈물이 나는 것이다. 가슴 시리고 힘든 시간을 살아왔기에 이제는 그런 시간이 멀어져 가고 편안한 삶에 가까워지고 수고를 조금씩 덜 수 있다는 생각에 기쁨의 눈물이 난다.

  우리가 숙명적으로 피할 수 없는 노화를 기쁘게 받아들일 수 있는 것은 정말 쉽지 않은 일이다. 자신에게 주어진 삶을 보람 있고 행복하게 만드는 것은 매우 기쁘고 감사한 일이다. 그런데 이런 기쁨과 감사함은 자신이 인생에 최선을 다해야만 얻을 수 있는 것이다.

  사랑하고 배려하면서 세상을 살아가기에 나는 정말 행복하다고 느낀다. 현재나 노후에 대해 걱정 없이 편안한 마음으로 지나가는 시간을 느끼며 살고 있다. 이제 청춘도 가고 중년으로 살고 있어도 지나간 청춘과 현재의 중년을 함께 느끼며 소중한 순간들을 더욱 소중하게 만들어 가고 싶다. 내 눈가에 흐르는 눈물이 슬픔의 눈물이 아니라 감동의 눈물이란 게 나를 기쁘게 한다.

20
지나간 날들에 감사하며

나는 개집을 만들고, 돼지우리나 광을 고치는 등의 집안일을 하면서 자랐기에 웬만한 집안일은 내가 다 처리하고 있다. 톱질에서부터 망치, 대패, 끌까지 거의 모든 목공구를 사용하며 내가 만들고 싶은 것들을 만들며 자랐다. 공고에 진학해서도 잠시나마 기능올림픽을 준비하면서 많은 공구와 기계를 다루고 제품을 만들었다. 공고를 나오고 공학을 전공한 데다가 웬만한 연장은 다 다룰 줄 알기 때문이다.

직장에서 많은 기계장치를 설계하고, 제작해 원자력발전소와 연구실 현장에서 운영한 경험은 내게 큰 도움이 되고 있다. 결국 내가 과거에 경험한 모든 것들이 현재의 내 삶에 큰 도움이 되고 있다. 가끔은 이런 경험들이 소름이 돋을 정도로 인생에 대한 경외감이 들게 한다. 이 때문에 지나간 날들에 대해 깊이 감사하게 된다.

공고를 다니며 꿈 많은 청소년 시절에 쇠를 깎고 기름과 먼지 속에서 험한 꼴을 당하며 지내야 했던 3년은 내게는 너무나 아프고 힘들었다. 그러나 이런 경험 덕분에 지금 디스크 그라인더로 현장 노동자보다도 표면을 더 매끈하게 처리하고, 남에게 설명하고 이해시키기 힘든 일을 직접 해결하기도 한다.

요즘은 지난날들을 돌이켜 보며 아버지께서 이런 날을 대비해서 나를 훈련을 시키셨다는 생각이 든다. 아버지께 감사하는 마음이 샘솟으며 한때 내 인생을 원망했던 나 자신이 부끄럽게 느껴진다. 세상을 살아오면서 힘든 일도 많았다. 그러나 무엇이든 사안을 보면 어떻게 풀어 나갈 것인가 해법을 찾을 수 있고 두려워하지 않는 용기를 가질 수 있게 된 것에 감사하고 있다.

과거 40~50년 전 미래를 상상할 수도 없었던 까마득하게 멀리 지나간 시절의 고통과 고난이 중년의 삶을 사는 오늘의 나에게 약이 되고 힘이 되고 있다. 이걸 생각하면 삶이 얼마나 경이로운가를 느끼게 된다.

나는 비록 독재의 위협에 시달리지는 않았지만 꽃다운 나이인 중고등학교 때 가슴 아픈 경험을 했기에 나름 희생자이다. 중학생 때는 도시락의 보리쌀 함량이 미달이라고 지적받고, 팬티만 입고 점심시간에 운동장을 뛴 적이 있다. 고등학생 때는 '조국 근대화의 기수'란 미명 하에 책상에서 공부하는 대신 쇳가루 범벅으로 실습장에서 쇠를 깎으며 함량 미달의 실습 교사들에게 시달리기도 했다.

돌이켜 보면 너무나도 눈물 나게 슬프고 힘든 일들이다. 그러나 나는 과거를 원망하고 탓하지 않는다. 그보다는 오히려 이런 나쁜 경험 속에서도 좌절하지 않고 내 인생에 소중한 것들을 갖게 되었다는 것에 감사하게 생각한다.

비록 과거에 힘든 일을 겪었고 고통을 받았다고 하더라도 언제까지 과거 탓만 할 수는 없는 것이다. 과거에 대한 원망보단 그런 고통에서 벗어난 것에 감사하는 마음이다. 비록 내게 아픈 일이라 하더라도 묻어둘 것은 묻어두고 밝은 미래를 열어 가는 데 있어 타산지석으로 삼는 것이 훨씬 중요하다.

  나는 오늘도 각자 일선에서 열심히 뛰고 있는 나와 비슷한 길을 함께 걸어온 '조국 근대화의 기수' 모두에게 건투를 빈다! 고생하고 고통 속에서 힘들어하고 있는 사람들에게는 힘을 내고 어려움을 잘 극복하여 즐겁고 행복한 삶을 열어 나가기를 응원한다.

제 4 장

행복하려면

1
꿈, 행복을 위한 시작

꿈은 행복한 삶을 살기 위한 가장 핵심적인 요소이다. 꿈꾸는 것들을 이루고, 또 새로운 꿈을 꾸는 게 행복한 사람들의 삶이다. 꿈을 꿔야 꿈을 이룰 수 있다. 가끔 생각지도 못한 행운이 찾아오는 경우가 있기는 하겠지만 꿈을 꾸지도 않았는데 꿈이 이루어지지는 않는다. 꿈의 진정한 의미는 우리가 인생을 살면서 추구해야 할 목표나 희망을 말하는 것으로 우리의 삶의 의미를 부여하는 것이다.

나는 어렸을 적에 꿈이 없었기에 나의 삶은 매우 힘들고 비관적이었다. 어릴 적 환경은 어려웠고 인생을 희망적으로 생각할 아무런 동기도 없었기 때문이다. 어린 나이에 무거운 돼지죽을 다 퍼다 주고 돼지우리 앞에 쭈그리고 앉아 막연하게 '이다음에 나는 어떻게 살고 있을까?'라는 생각을 해 본 게 전부였던 것 같다.

이런 내가 꿈이란 것을 처음 생각해 본 것은 중3 때인 것 같다. 반에서 1등은 물론 전교에서 계속 1등을 하던 친구가 서울로 전학을 갔다. 그때 '그럼 다음 달에 누가 1등을 할까?'라는 생각과 함께 '나도 1등을 할 수 있을까?'라는 생각을 갖게 되었다. 1등에 도전해 보자는 내게도 작으나마 꿈과 목표가 생긴 것이 그 출발이 된 것 같다.

공부에서 1등을 한다는 게 중요한 게 아니다. 중요한 것은 나의 내면에서 무엇인가 하고자 하는 것, 이루고자 하는 것을 마음속에 품게 된 것이었다. 이렇듯 뭔가 해 보고자 하는 꿈을 꾸게 되면서 모든 것이 다 바뀌었다. 작은 꿈, 가까이 이루고 싶은 꿈들을 이뤄 나가면서 또 다른 꿈을 꾸고, 그 꿈들을 이뤄 나가고 살게 되었다. 그러면서 내 삶은 그 이전과는 전혀 다른 방향으로 전개되었고 남을 불평하고 원망하던 삶에서 감사하고 행복한 삶으로 바뀌었다.

전문가, 과학기술자가 되겠다는 꿈이 있었기에 차별 속에서도 꿋꿋이 일했다. 비록 일이 많아 힘든 면도 있었지만, 내가 설계한 장치들이 현실 속에서 구현되는 것을 보며 큰 기쁨과 보람을 느꼈다. 일을 적게 한 사람보다 일을 많이 한 사람이 더 큰 기쁨을 느낀다. 성취감이란 기쁨의 매우 중요한 요소이기 때문이다. 일을 적게 하려고 요령을 부리는 사람은 느낄 수 없는 기쁨이다.

꿈은 터무니없는 헛된 욕심과는 완전히 다르다. 일확천금을 꿈꾸거나 아주 거창한 성공을 바라는 건 꿈이 아니다. 꿈은 하루아침에 이루어지는 것도 아니다. 이런 생각들은 허황된 욕심일 뿐이다. 작은 것들부터라도 노력을 통해 하나씩 이뤄 나가면서 탄력을 받는 것이 중요하다.

꿈은 하나로 끝나지 않는다. 꿈을 이루며 또 새로운 꿈을 찾고, 그 꿈들을 이뤄 나가는 기쁨을 아는 사람은 이미 행복한 사람이며, 이미 성공한 사람이다. 이런 사람들은 자신의 꿈을 이뤄 나가는 기쁨이 더 크기에 남의 성공을 시기할 이유도, 시간도 없다. 모두 자신만의 꿈을 갖기를 바란다.

나는 미미하지만 내가 생각하던 일들, 꿈꿨던 일들을 이뤄 냈다. 이런 과정에서 남을 도와주는 기쁨도 갖게 되었다. 그동안 미처 몰랐던 내 안의 또 다른 재능과 소질도 알게 되었다. 이제 남은 인생의 후반에는 어떤 꿈을 꾸고, 어떤 일을 할 것인가를 고민하는 행복을 덤으로 갖고 살고 있다. 꿈은 행복으로 가는 길이다.

2
자각과 자신감

행복한 삶을 살기 위해 꿈과 함께 중요하고 필수적인 요소가 무엇인지를 묻는다면 나는 자각과 자신감이라고 말하고 싶다. 비록 자신이 어떠한 경로로 살아왔든 이제라도 행복하기 위해선 자기 자신에 대해 자각하는 게 가장 중요하다.

우리는 머나먼 인생길을 살아야 한다. 인생을 살아가면서 많은 일을 경험하고 많은 어려움에 직면할 것이다. 성공한 자, 행복한 자와 성공하지 못하고 행복하지 못한 사람과의 차이점은 자기 스스로에 대한 자각을 하고 자신감을 가진 사람인가 아닌가의 차이에 있다고 생각한다.

우리는 초등학교부터 시작해서 대학을 졸업할 때까지 상당 기간 많은 공부를 하고 사회에 나온다. 비록 긴 기간 동안 많은 분야를 공부하지만 대부분의 공부가 좋은 대학에 들어가고 좋은 직장을 구하기 위한 것뿐이다. 정작 자신이 누구이고 자신이 어떤 사람인지 생각해 볼 겨를도 없이 사회에 발을 디뎌 놓게 된다.

사회에 들어와서도 직장에서의 업무를 다시 배우고, 진급을 위해 애쓰느라 바쁘다. 결혼하여 가정을 이루면서 집 장만과 자녀 양육으로 바쁘게 산다. 사실상 40대 후반까지도 바쁜 삶을 살 수밖에 없다. 열심히 살아도 정작 자신이 어떤 사람인지, 자신이 가장 원하는 것은 무엇인지는 물론 진정한 자신의 존재에 대해 제대로 자각할 여유를 갖지 못하는 경우가 많다.

그러나 자각하고 자신감을 갖고 사는 사람들은 그렇지 못한 사람과는 차원이 다른 삶을 살게 된다. 자신에 대해 자각한 사람은 자신이 어떠한 사람인지를 알고 있기에 자신감도 강하다. 어떤 일을 하더라도 그 일을 어떻게 해결할지를 더 잘 생각하고, 더 강한 의지로 일을 대처하기 때문에 일을 더 잘할 수밖에 없다.

자각의 단계는 사람에 따라 매우 다를 수는 있지만 최소한 나는 어떤 사람이며 내가 정말 하고 싶은 것은 무엇인가 등에 대해서 생각해 봐야 한다. 내가 잘할 수 있는 게 무엇인지를 생각하고 남은 인생을 재점검한다면 지금까지의 삶보다도 훨씬 행복한 삶을 살 수 있을 것이다.

자각한 사람은 절대 자신과 맞지 않는 터무니없는 꿈을 꾸지 않으며 쉽게 포기하거나 실패하지 않는다. 자각은 자신이 꿈꿔야 할 일들을 잘 알게 해 주고 자신감을 만들어 주기 때문에 난관이 닥쳐도 헤쳐 나갈 방안을 스스로 찾게 해 준다.

길고도 험난한 인생을 헤쳐 나가야 하는 자신을 스스로 위로하고 사랑하며, 할 수 있다는 자신감을 스스로가 만들어 주자. 그렇지 않으면 인생은 고단하고 실패를 거듭할 수밖에 없다. 두려워하지 말고 자신감을 갖고 자신이 할 수 있는 작은 일부터라도 도전해야 한다.

생각만 하고 그 생각을 실천하기 위한 아무런 행동도 옮기지 않는다면 그저 공허한 생각에만 그칠 것이다. 그러나 그 생각을 실천하기 위한 작은 일부터라도 시작한다면 우리는 어느새 꿈꿔왔던 일을 이루고 있을 것이다. 서울에 가려면 집 밖으로 나와 차에 올라 시동을 켜고, 내비게이션에 목적지를 입력한 후 액셀레이터를 밟아 출발해야 서울로 갈 수 있다. 아니면 기차나 고속버스를 타고라도 가야만 한다. 가겠다는 생각만 하고 몸이 가만히 있어서는 어디에도 갈 수 없는 것이다.

 남에게 의지하는 삶이 아니라 내 행복은 내가 만든다는 생각을 갖고 살아 보자. 남들에게 불평하며 자신의 행복하지 않은 게 남들 때문이라는 생각을 버리자. 내가 바라는 그 행복을 내 인생에 입힌다는 생각을 갖자. 스스로 위로하고 격려하며 그런 생각으로 살아간다면 그 순간부터 이미 인생은 행복하게 되는 것이다.

 '일체유심조'란 말처럼, 모든 건 내 생각이 만들어 내는 것이다. 내 생각과 의지가 내 몸을 움직이고 내 주변을 움직여서 결국은 내가 꿈꾸는 일들을 성취해 나가는 것이다. 꿈은 남이 이루어 주는 것이 아니며 행복도 남이 만들어 주는 게 아니라 내가 만들어야 하는 것이다. 내 인생의 행복은 나 자신이 자신감을 갖고 스스로를 위로하고 격려하면서 노력해야만 이루어지는 것이다.

3
조금 더 솔직해지면
조금 더 행복해진다

요즘 세상 사람들 대부분이 솔직하게 얘기하질 못하고, 사람들에게 듣기에 좋은 얘기만 하는 것 같다. 이렇게 되는 가장 큰 이유는 소위 사회성, 관계 때문에 서로 관계가 나빠지지 않도록 하기 위한 것이니 당연한 일이라고 생각할 수 있다.

그러다 보니 솔직한 얘기보다는 정작 마음과는 다른 엉뚱한 소리를 하는 경우가 다반사이다. 이런 마음에 없는, 진실성이 없는 얘기는 아무런 의미가 없다고 생각한다. 이런 립서비스성 얘기보다는 자신의 마음속에 있는 생각들을 조금이라도 솔직하게 얘기할 수 있다면 조금 더 행복해진다는 생각이다.

우리는 왜 솔직하질 못한 것일까? 그것은 쓸데없이 너무 많은 것들을 미리부터 걱정하기 때문일 것이다. 물론 남에게 자신의 생각을 너무 곧이곧대로 얘기하여 불필요한 충돌이나 마찰을 일으키는 것은 좋지 않다. 무엇이든 다 말로 표현해야만 하는 것도 아니다. 그렇지만 정말 중요한 일에 있어서는 비록 불이익이 생길 수 있더라도 자신의 생각을 솔직하게 말하고, 이해를 구하는 것이 훨씬 더 중요하고 더 효과적일 수 있다.

행여 불이익을 받을까 고민하는 사람들은 절대 솔직하고, 당당할 수 없다. 아쉬움이 없어야 매사에 당당하게 임할 수 있다. 다시 돌아오지 않는 소중한 시간을 살아가는 인생이기에 최대한 자신에게만은 솔직해지자. 조바심이나 작은 욕심을 버리면 더욱 솔직해질 수 있다.

우리에게 과연 무엇이 중요할까? 남들이 무엇에 매달리든 내게 가장 중요한 것은 내 인생이며 내 자신이다. 나 자신에게 솔직하고 당당하지 않는다면 그게 무슨 행복한 인생인가? 내게 솔직하고 당당한 인생을 살아간다면 행복은 이미 내 곁에 함께 있다는 걸 발견할 것이다. 지금부터라도 조금 더 솔직하도록 노력해 보자.

4

자유롭게 살아라

직장이든 모임이든 어떤 조직에 들어가게 되면 각자 자신의 소신을 내세우기보다는 눈치를 보는 일들이 많다. 눈치를 보면서 소심하게 사는 것은 비록 그 조직에서의 자신의 안전을 지켜 줄지는 몰라도 결코 자신을 행복하게 해 주지는 못한다.

우리가 살아가는 오늘 하루가 내가 꿈꾸는 인생, 내 삶의 목표와는 아직 멀리 떨어져 있는 것으로 생각할 수 있다. 그러나 오늘 하루하루가 내 삶이기 때문에 매우 소중한 것이다. 자신이 진정 원하는 삶이 무엇이고, 가장 목마른 것이 무엇인지를 생각하면 오늘 내게 주어진 시간의 가치를 다시 생각하게 해 줄 것이다.

진급이나 보직이 당장 가치 있고 성공한 것으로 보일 수는 있지만 그것은 잠시 내 어깨를 스쳐 지나가는 임시 계급장일 뿐 진정한 내 자신이 아니다. 진정한 내 인생의 가치, 진정한 내 인생의 보직을 찾아보자. 이런저런 것에 아쉬움이 없어야만 편안해질 수 있다. 아쉬움이 있더라도 그것을 이겨 낼 수 있어야만 한다.

비록 배가 고파도 그깟 한두 끼 걸러도 된다. 간헐적 단식은 건강에도 좋다. 맛있는 음식은 맛있어서 좋지만 간단한 식사로도 사는 데는 지장이 없다. 그와 마찬가지로 작은 아쉬움에서 벗어날 수 있어야만 자유롭고 행복한 삶을 살 수가 있는 것이다. 내가 무엇인가 아쉽고 자유롭지 못하면, 그 아쉬움 때문에 남의 눈치를 살피게 되고, 당당해질 수 없으며, 어떠한 것도 잘 이뤄낼 수 없다.

직장 상사나 주위 사람들의 눈치를 보기보다는 자신이 당당할 수 있도록 내 삶에 자유를 부여하자. 자유로움이 없이 당당할 수 없고, 자유로움이 없이 꿈을 이루기 어렵다. 진급, 보직 등은 조직에서 매우 중요하기는 하나, 진정 그것이 내 삶의 꿈인가 생각해 보자. 식당이나 자영업을 하는 사람들을 만나서 그들에게 진급, 보직이 어떤 의미가 있는지 물어보라. 생각이 전혀 다를 것이다.

자신의 꿈이 무엇인가를 생각하면 작은 것에 연연해서 내 소중한 인생의 시간을 헛되이 쓰지는 않을 것이다. 조금이라도 더 자유롭게 살도록 하자.

5
감사하며 살자

 감사하며 산다는 것은 매우 중요한 의미를 갖는다. 주어진 세상을 바꾸기가 어렵다며 불평하는 사람들이 있지만, 내가 세상을 바꾸는 가장 쉬운 방법이 감사하며 사는 것이다. 감사하는 마음만으로도 많은 것을 바꾸기 때문이다.

 나는 종교인이 아니며 38년 넘게 일하고 있는 직장인이다. 좋은 일들만 겪고 산 게 아니라 온갖 안 좋은 일들을 겪으면서 살아왔다. 교통사고를 당해 35년이 넘은 지금도 교통사고 후유증으로 불편을 겪고 있다. 게다가 난치병이라고 하는 이명과 난청을 다 겪었고, 이명은 아직도 계속 고통스럽다. 그렇기에 나는 누구보다도 세상과 내 몸에 대한 불평불만도 많이 갖고 살아왔다.

 그런 내가 감사하며 사는 것이 중요하다고 말하는 이유는 감사하는 마음을 갖게 되면서 모든 것이 행복하게 바뀌는 것을 경험했기 때문이다. 감사하는 마음은 내게 주어진 현실에 대한 인식 자체를 긍정적으로 바꾼 것뿐만이 아니라 나의 운명을 더욱 밝은 에너지로 바꿨고, 행운도 저절로 따라왔기 때문이다.

 사실 감사하며 살아 보지 않은 사람에게 감사하며 사는 것을 이해시키기는 매우 어렵다. 세상의 비밀을 아는 사람들은 많지 않다. 그들에게는 세상의 비밀을 직접 알려 줘도 믿지도 않으며 그냥 공허한 말장난으로 치부하고 만다.

　매사에 부정적인 사람은 자신이 이미 남들이 기대하는 행복의 수준에 있음에도 불구하고 자신이 행복한지를 모르는 경우가 많다. 그들의 맘에 드는 수준의 행복한 일이 일어나기는 쉽지 않은 것이다. 작은 것에서부터 감사할 줄 알아야 큰 행복이 저절로 따라온다. 남에게 투덜대지 말고 남들에게 조금 더 배려하며 살면, 이미 행복의 길에 들어서 있을 것이다.

　긍정에너지를 갖고 감사하며 살아가면 더 큰 긍정적인 결과로 돌아오기 때문에 정말 감사하며 사는 게 매우 중요하다. 큰 성공은 작은 것에서부터 시작하는데, 생각지도 못했던 잠복기를 거쳐 큰 성공의 원인이 되어 주는 경우가 많다.

6
인정받는 자는 사는 방법이 다르다. 자신감으로 다 이겨 낸다

우리는 똑같은 사안에 대하여 어떤 이는 긍정적으로 보는데, 어떤 이는 부정적으로 보는 것은 물론 해결 불가능한 사안으로 보고 낙담하는 경우가 많다. 이처럼 긍정적으로 보는 사람과 부정적으로 보는 사람의 가장 큰 차이는 그가 인정받고 살아왔는가 아니면 인정받지 못하고 살아왔는가에 따라 다른 경우가 많다.

인정받으며 살아온 사람은 쉽게 좌절하거나 포기하지 않는다. 또한 작은 일이라도 성공적으로 문제를 해결해 본 경험이 있는 사람은 문제를 대하는 자세부터가 다르다. 오히려 어려운 문제까지도 어떻게 해결할 것인가 해법을 찾으려 애쓴다. 비록 당장은 해결 방안이 없는 경우라도 어떻게든 해법을 찾을 것이라는 자신감으로 어려움을 이겨 낸다.

반면에 인정을 받아 보지 못하고 실패만 경험하고 만 사람들은 매사에 자신감도 없고, 부정적으로 생각하기 마련이다. 그렇다고 터무니없는 자신감도 사건을 해결하는 데 도움이 되지 않는다. 물론 살다 보면 정말 해결이 불가능할 경우를 마주칠 수도 있다. 그러나 최소한 당면한 문제를 너무 부정적으로 보고 포기하거나, 적당히 노력해 보고 포기하는 자세로는 절대로 웬만한 어려움을 이겨 내기 어렵다.

어떠한 사안에 대해서도 최선의 해법이 무엇인가를 찾아내고 해낼 수 있다는 자신감을 갖고 일하면 남들보다 훨씬 더 좋은 성과를 이뤄낼 수밖에 없는 것이다. 자녀들에게 항상 잘할 수 있다는 자신감을 심어 주고, 그들이 작은 일이라도 잘한 일이 있을 때는 인정해 주고 격려해 주자. 그러면 그들은 훨씬 더 큰 자신감과 훨씬 더 많은 노력으로 자신에게 주어지는 문제들을 해결할 수 있게 된다.

우리는 내 자신부터 스스로 인정받도록 노력하고, 나아가 자녀들과 후배들에게도 조그마한 일이라도 잘한 일에 대해서는 인정해 주고 앞으로도 계속 잘할 것이라는 자신감을 주는 일에 소홀하지 말아야 한다.

7

사랑과 성공은 마약과 같다

우리는 살면서 이런저런 어려움을 겪으며 고통을 느낀다. 다른 한 편으로는 그 어려움을 극복하면서 성취감을 느끼게 되고, 아울러 자신감을 갖게 되는 계기가 되기도 한다. 어려움 속에서 고통만 받고 그 고통을 이겨내지 못한 사람은 또 다른 어려움이 오면 또다시 좌절하게 된다.

어려운 일을 겪으면서도 부모님이나 주변 사람들에게 사랑을 받는 사람은 그 어려움을 잘 이겨 낸다. 반면에 부모님이나 주변 사람들에게 사랑을 받지 못하고, 인정받지 못하는 사람은 쉽게 체념하고 남을 원망하는 경우가 많다.

이러한 차이는 평상시에는 잘 모르지만 어려움이 닥쳤을 때 극명하게 나타난다. 사람은 몸만 움직이는 게 아니다. 사람의 몸을 움직이는 것은 정신이며, 정신에게 힘을 주는 가장 큰 에너지는 사랑이다. 사랑받고 자란 사람은 자존감이 강할 뿐만 아니라 웬만한 시련은 쉽게 이겨 낼 힘을 갖고 있다.

비록 작은 일이라도 한 번 성공한 사람은 자신감이라는 소중한 자산을 장착하게 되고 차원이 다른 사람이 된다. 비록 작은 일이라도 시도해서 실패했다면 그 원인을 세밀히 분석하거나 더욱 많은 연습을 통해서라도 성공하고 마무리를 짓도록 하는 게 중요하다.

그냥 실패한 채로 일을 끝내면 그 사람은 실패한 자로 스스로 낙인을 찍을 수 있기에 아주 좋지 않다. 그러나 이미 수많은 실패에도 무조건 자꾸 시도하는 것은 더 나쁘다. 무조건 다시 도전하는 것이 능사가 아니라 최소한 세밀한 원인 분석을 통해 다시 실패하지 않을 만반의 준비를 한 후, 다시 도전해야만 성공을 할 수 있는 것이다.

자신을 사랑해 주는 사람들과 자신의 성공 사례를 생각하고 힘을 내자. 비록 자신이 처한 현실이 힘들어도 좌절하지 말라. 작은 일이라도 성공한 경험을 생각하면서 용기를 내어 하나씩 풀어 나가자. 조만간 지금의 자신보다는 훨씬 더 나은 자신이 되어 있음을 발견할 것이다.

8

끝날 때까지는 끝난 게 아니다

사람들은 순간순간의 성패에 웃고 울지만, 자신이 생각하는 목표를 이룰 때까지는 끝난 게 아니다. 비록 지금은 자신의 목표를 이루지 못하고, 심지어는 몇 번씩 실패를 할 수도 있지만 아직까지 끝난 게 아니기 때문에 좌절하고 투덜거리기보다는 목표를 이룰 때까지 다시 털고 일어나 힘을 내고 다시 뛰어야 한다.

물론 실패를 극복하고 다시 힘을 내서 뛰는 게 쉬운 건 아니다. 하지만 그렇게 단순한 몇 번의 노력으로 모두가 성공할 수 있다면 이 세상에 성공하지 않을 사람은 없을 것이며, 행복하지 않은 사람이 없을 것이다.

성공한 자와 실패하는 자의 차이는 성패에 대한 기준도 다를 뿐만 아니라 웬만한 일에는 좌절하고 포기하지 않는 차이점이 있다. 적당히 노력하다 안 된다고 투덜거리는 사람들이나 노력조차 안 하고 세상에 불만만 가진 사람들은 결코 어려운 일을 이룰 수 없는 것이다.

꿈을 꾸는 자는 꿈만 꾸고 있는 것이 아니다. 그 꿈을 이루기 위해 좌절하지 않고 끝없이 노력하며 어려움을 이겨 나간다. 꿈을 갖고 꿈을 이루려는 자는 안정 속에만 머무르는 것을 좋아하지 않으며 작은 일에 두려움을 느끼거나 주저앉지 않는다. 꿈을 이루려는 자가 남들보다 피로를 훨씬 덜 느끼는 이유는 그가 쫓는 꿈이 작은 피로도 다 이겨 낼 수 있도록 에너지가 넘치기 때문이다.

인생은 길다면 길고 짧다면 짧은 것이다. 그래도 우리가 어떤 꿈을 꾸고 그 꿈을 이루기까지 많은 노력을 하고 과정을 거치고, 대강의 결과를 확인할 수 있을 정도로 충분한 시간이 있다고 생각한다.

잠시 생각했다고 그게 꿈이 되고, 잠시 실천했다고 그게 쉽게 이루어진다면 이 세상에 성공하지 않은 사람은 없을 것이다. 좀 더 노력하고 이런저런 실패에 좌절하지 말고 남에게 의지하지 말고 스스로 해결하려는 끝없는 노력이 있어야 꿈을 이루고 자기가 원하는 결말을 얻게 되는 것이다.

9

안일하게 생각하지 마라

우리 모두 자신이 꿈꾸는 대로 일이 잘 풀리기를 바라는 것은 당연한 일이다. 그렇지만 우리가 꿈을 이루는 데 있어서 안일한 생각은 금물이다. 모든 게 우리가 바라고 꿈꾸는 대로 잘 이루어진다면 이 세상에는 성공하지 않을 사람이 없다.

일을 추진함에 있어 낙천적인 사람도 있고 비관적인 사람도 있다. 열심히 노력하는 사람도 있고 대충대충 적당히 노력하다 마는 사람도 있다. 이것은 각자 타고난 기질의 문제이기도 하니 뭐라고 비난할 수는 없다.

적당히 살겠다는 사람에게는 뭐라고 말할 게 없다. 그렇지만 성공을 바라는 사람은 매사를 안일하게 생각해서는 안 된다. 아무리 협상을 잘해서 좋은 합의를 봤다 하더라도 그것이 공식적인 합의문으로 체결이 되고 실행되지 않으면 소용이 없는 것이다.

계약서를 작성하고 계약금을 받았어도 일이 다 끝났다고 단정 지을 수 없는 것이다. 아파트 매매 같은 경우 막상 계약해서 계약금까지 다 지불하고도 마음이 바뀌어서 계약금을 떼이면서까지 계약을 해지하는 경우도 종종 있기 때문이다.

아무리 모의고사에서 좋은 성적을 거두어도 실제 시험에서 합격을 보장하는 것은 아니다. 연습게임에서 아무리 좋은 성적을 거뒀고 강력한 우승 후보자로 다들 기대하고 있더라도 우승을 못 하는 경우가 많기 때문이다.

100%에 가까이 확실하다고 예상되던 일이 틀어지는 경우가 종종 있다. 완전히 끝날 때까지는 매사에 안일하게 생각하거나 방심해서는 안 되는 것이다. 생각한 대로 순조롭게 일이 진행된다고 해서 안일하게 생각하다간 낭패를 볼 수 있다. 너무 초조하게 생각해서도 안 되지만, 확실한 결과를 얻을 때까지는 안일하게 생각해서는 안 된다.

10

남에게 기대지 마라

　오늘의 복잡하고 다변화된 세상 속에서 우리는 끊임없이 남들과 상호작용을 하며 도움을 주기도 하고, 때로는 도움을 받으며 살아간다. 하지만 우리 삶이 계산식처럼 나오는 것이 아니기에 주는 것만큼 받을 수도 받은 것만큼 줄 수도 없다. 만약 남에게 무엇을 더 얻고 받아야 행복하다고 느낀다면 그 사람은 정말 행복하기 어렵다. 오히려 주면서 더욱더 큰 행복을 느낄 수도 있다.

　행복해하지 않고 늘 불평불만이 많은 사람들의 공통점은 자신에게 주어진 것들, 자신이 남에게 받는 것들에 대해 감사하는 마음이 별로 보이지 않는다는 것이다. 물론 남에게 주는 것도 거의 없는 경우가 많다. 점점 개인주의가 심해지고 복잡한 세상이지만 남들에게 도움을 받을 수도 줄 수도 있는 것이다. 그러나 남들에게 무엇을 받는 것에 기대하려고 하면 실망만 크게 되기에 남들에게 기대려 하기보다는 스스로 자신이 해 나가는 것이 가장 속 편하고 행복한 길이다.

　비록 물질주의가 만연한 세상에 살고 있고, 물질적 결핍은 상당한 어려움을 겪게 하는 것도 사실이지만 물질이 우리의 행복을 결정하는 것은 아니다. 우리의 행복을 결정하는 것은 자신의 마음이다. 즉, 세상을 인식하고 세상을 받아들이는 자신의 마음에 따라 똑같은 환경에서도 불행할 수도 있고, 행복할 수도 있는 것이다.

　정말 내가 원하는 게 무엇인지를 스스로 찾아내고, 그것을 이루기 위해 내가 노력해서 해법을 찾는 것이 가장 빠르고 쉬운 일이다. 정말 자신이 원하는 것을 스스로 찾지 않고 남에게 찾으려 하거나 남에게 기대한다면 그 사람은 결코 행복해질 수 없는 것이다. 남들을 경계하고 배척하라는 말이 아니다. 행복은 내 안에서 내 스스로 찾아갈 때 가장 쉽게, 가장 빨리 얻을 수 있는 것이다.

11

나만의 매력을 갖추자

 세상사가 마음대로 되지는 않는 일이지만 그래도 끊임없이 노력할 만한 충분한 가치가 있다. 나는 각종 오디션이나 경연대회에 나와서 선택되길 간절히 바라는 참가자들을 보면 안쓰럽고 눈물이 나기도 하지만 그들의 노력을 높이 평가한다.

 세상에 자리는 많지 않은데 희망자, 구직자는 넘치니 당연히 경쟁이 치열하다. 이는 사람만의 문제가 아니다. 자동차나 전자제품 등 온갖 제품들이 쏟아져 나와 주인의 선택을 기다리고 있다. 거리에는 수많은 식당이 영업 중인데 어떤 식당은 손님들이 인산인해를 이루고, 어떤 식당은 한산하기만 하다가 결국 문을 닫는 경우가 허다하다.

 우리는 이러한 현실 속에서 어떤 사람은 왜 선택되고, 어떤 사람은 왜 안 되는지를 생각해 볼 필요가 있다. 또한 어떤 제품은 왜 잘 팔리고, 어떤 제품은 왜 잘 안 팔리는지 생각해 보자. 잘 팔리는 물건은 값이 싸서 그런 것만은 아니다. 값비싼 롤렉스시계는 돈을 갖고도 없어서 못 산다고 한다. 장사가 잘되는 식당 또한 음식값이 싸서 손님이 많은 게 아니다.

 사람이든 사물이든 무엇인가를 선택하게 되는 데는 그만한 매력이나 가치가 있기 때문이다. 물건이야 더 좋은 디자인과 더 좋은 성능과 적정한 가격으로 선택받으면 될 것이고, 식당이야 더 맛있는 음식으로 선택받으면 될 것이다. 손님들의 시선을 끌고 지갑을 열 수 있게 하는 매력을 높여야만 성공할 수 있다.

우리는 타고난 외모나 능력을 쉽게 바꿀 수는 없는 일이다. 되지 않는 공부를 갑자기 잘할 수도 없는 일이다. 비록 자신의 능력이나 외모를 쉽게 바꿀 수는 없어도 마음이나 태도는 자신의 의지와 노력에 따라 쉽게 바꿀 수 있다.

비록 자신의 능력이나 가치를 대폭 향상시키기는 어렵더라도 자신이 좀 더 좋은 사람으로 평가받도록 노력하자. 내가 결정권자가 아니라면 선택권자가 기쁜 마음으로 자신을 선택하도록 자신의 매력을 높여서 자신이 원하는 선택을 받을 수 있도록 노력해야 한다.

| 맺음말 |

내게 남은 과제들

나는 퇴직까지 이제 약 2년이 남았다. 퇴직까지 남은 동안 내가 해야 할, 내게 남겨진 과제들에 대해 생각을 정리 중이다. 대부분 퇴직을 두려워하는 데 반해 나는 비교적 여유로운 마음으로 퇴직을 기다린다. 그동안 많은 일들을 대부분 다 해냈고 새로운 삶에 대한 기대도 크기 때문이다.

나는 아직도 아파서 고생하는 부분이 있지만 건강도 많이 회복했고 즐거운 삶을 살고 있다. 60대 중반인 지금까지 정신없이 살아왔고 직장, 경제, 자녀 문제 등 내가 해야 할 일들을 나름대로 잘 풀어냈다. 이제는 내 어깨를 짓눌렀던 모든 책임감들로부터 홀가분해진 상태이다.

대부분 안정을 바라고 은퇴를 두려워한다. 나는 늘 울타리 안팎을 헤집고 다니며 살아왔기 때문에 은퇴를 걱정하지 않는다. 이제는 조직이라는 정해진 틀에만 머물러 있는 것보다 본격적으로 울타리 밖에서 자유롭게 내 마음대로 선택하고 결정하는 일을 할 것이다. 내가 무엇을 선택하고 결정할 수 있다는 것은 정말 행복한 것이다.

많은 일을 하며 힘들었지만 어려운 일들을 다 이겨 냈다. 일에 대해서는 크게 부담을 갖지 않고 오히려 즐기는 편이다. 부와 명예 등 우리가 추구할 수 있는 게 많지만 무엇 하나 집착하지 않는다. 이제는 그저 내가 유연하게 선택하고 이뤄 나가면 된다.

중년이 된 나는 이제 무엇을 할 것인가? 현재에 만족하며 살 것인가, 아니면 무엇인가 또 열정적으로 일을 찾아 추진할 것인가? 새로운 길을 찾으려 노력하지만 못 찾으면 그냥 쉬엄쉬엄 사는 길이 나를 기다리고 있다. 조급하게 생각하거나 쓸데없이 욕심을 부릴 생각도 없다. 그러나 적당히 안주하고 빈둥거리고 싶은 생각은 없다.

그저 내가 하고 싶은 일, 내가 잘할 수 있는 일, 보람된 일이 무엇일까를 생각하며 남은 후반의 인생을 살아가려 한다. 아무쪼록 이제는 너무 스트레스를 받지 않으면서 좋은 성과가 있도록 최선을 다하고자 한다.

나는 감사하는 마음으로 내게 남은 과제들을 수행하려 한다. 우선은 내 자신의 은퇴 후 삶에 전념할 것이다. 또한 내가 38년을 몸담았던 원자력 분야와 국가 발전에 조금이라도 일조해야 하는 게 나의 도리라 생각한다.

나는 가족과 즐거운 여행이나 맛집 탐방 등 즐기며 살지 못했다. 조금씩이라도 부족했던 부분을 채워가야 할 것이다. 늘 마음속으로 감사하는 이들이 많은데도 불구하고 다 찾아뵙지 못했다. 이제는 틈나는 대로 전국을 여행하며 반가운 지인들도 만나서 즐거운 시간도 만들 생각이다.

손녀, 손자들에게도 내 딸과 아들이 할아버지의 부재로 받지 못했던 사랑을 실컷 받을 수 있도록 많이 사랑해 주고, 며느리와 사위에게도 편안한 사랑을 주려고 한다. 새롭게 인연이 된 사돈들과도 틈틈이 담소 나누며 자식들의 행복을 응원하고자 한다.

그동안 살아온 길을 차분히 되돌아보고 앞으로 나아갈 길을 생각해 볼 기회를 가지는 것 자체에 감사한다. 늘 내일을 위해 오늘을 살았지만, 이제는 편안한 마음으로 내게 주어지는 오늘을 잘 보내고자 한다. 인생의 중요한 일들을 챙겨 가며 인생을 더욱 의미 있고 행복하게 보내려고 한다.

清天 구 정 희

과학자의 삶을 행복으로 이끈
생각의 힘

ⓒ 구정회, 2025

초판 1쇄 발행 2025년 11월 21일

지은이　구정회
펴낸이　이기봉
편집　좋은땅 편집팀
펴낸곳　도서출판 좋은땅
주소　서울특별시 마포구 양화로12길 26 지월드빌딩 (서교동 395-7)
전화　02)374-8616~7
팩스　02)374-8614
이메일　gworldbook@naver.com
홈페이지　www.g-world.co.kr

ISBN　979-11-388-5005-6 (03810)

- 가격은 뒤표지에 있습니다.
- 이 책은 저작권법에 의하여 보호를 받는 저작물이므로 무단 전재와 복제를 금합니다.
- 파본은 구입하신 서점에서 교환해 드립니다.